Tina Schauer
Inge Wittig

Biologie an Stationen

Übungsmaterial zu den Kernthemen des Lehrplans

5/6

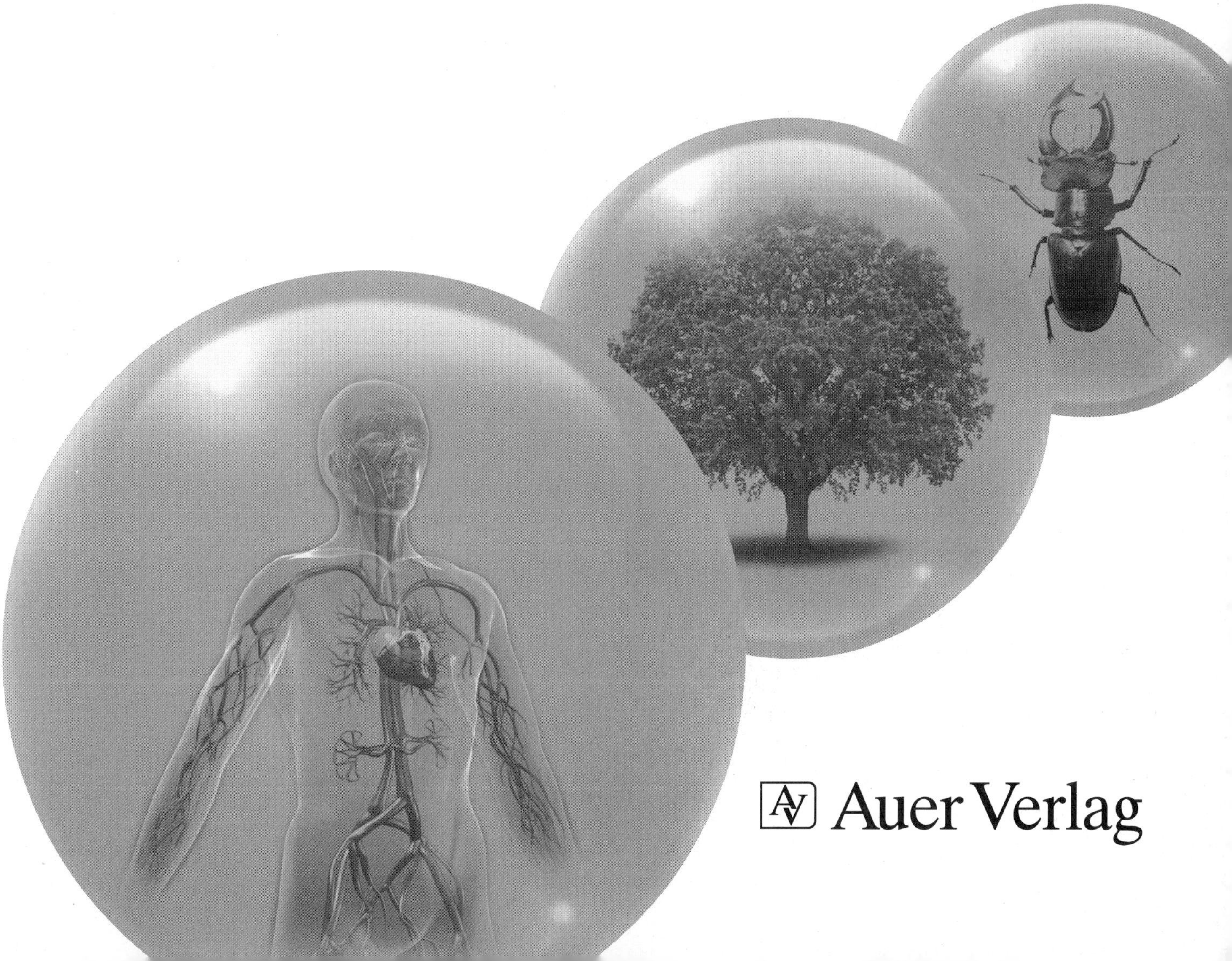

Auer Verlag

Die Herausgeber:

Marco Bettner: Rektor als Ausbildungsleiter, Haupt- und Realschullehrer, Referent in der Lehrerfort- und Lehrerweiterbildung, zahlreiche Veröffentlichungen als Autor und Herausgeber

Dr. Erik Dinges: Rektor einer Förderschule für Lernhilfe, Referent in der Lehrerfort- und Lehrerweiterbildung, zahlreiche Veröffentlichungen als Autor und Herausgeber

Die Autorinnen:

Tina Schauer: Fachlehrerin für Biologie und katholische Religion an einer Gesamtschule

Inge Wittig: Grundschullehrerin, Autorin und Illustratorin

Gedruckt auf umweltbewusst gefertigtem, chlorfrei gebleichtem
und alterungsbeständigem Papier.

4. Auflage 2013
Nach den seit 2006 amtlich gültigen Regelungen der Rechtschreibung

Illustrationen: Inge Wittig, Steffen Jähde
Satz: krauß-verlagsservice, Augsburg
Druck und Bindung: Franz X. Stückle Druck und Verlag, Ettenheim
ISBN 978-3-403-**06246**-2

www.auer-verlag.de

Inhaltsverzeichnis

Vorwort

Grundgedanken der Konzeption der Stationsarbeiten waren, dass unterschiedliche Lernvoraussetzungen, unterschiedliche Zugänge und Betrachtungsweisen und unterschiedliche Lern- und Arbeitstempi der Schüler[1] Berücksichtigung finden. Die Grundidee ist, den Schülern einzelne Arbeitsstationen anzubieten, an denen sie gleichzeitig selbstständig arbeiten können. Die Reihenfolge des Bearbeitens der einzelnen Stationen ist dabei ebenso frei wählbar wie das Arbeitstempo und meist auch die Sozialform. Wo zwingend Partner- oder Gruppenarbeit erforderlich ist, wird dies durch ein entsprechendes Symbol gekennzeichnet:

Partnerarbeit

Gruppenarbeit

Innerhalb einer Stationsarbeit kann die Lehrkraft auch diverse Stationen als Wahlstationen und als Pflichtstationen deklarieren (siehe Laufzettel Seite 8). Diese Zuteilung haben wir bewusst nicht vorgegeben, sondern liegt in Ihrem jeweiligen Ermessen. In diesem Zusammenhang spielt sicherlich die Lerngruppe eine wesentliche Rolle.

Als dominierende Unterrichtsprinzipien sind bei allen Stationen die Schülerorientierung und Handlungsorientierung aufzuführen. Schülerorientierung meint, dass der Lehrer in den Hintergrund tritt und nicht mehr im Mittelpunkt der Interaktion steht. Er wird zum Beobachter, Berater und Moderator. Seine Aufgabe ist nicht das Strukturieren und Darbieten des Lerngegenstandes in kleinsten Schritten, sondern durch die vorbereiteten Stationen eine Lernatmosphäre darzubieten, in der die Schüler sich Unterrichtsinhalte eigenständig erarbeiten bzw. Lerninhalte festigen und vertiefen können.

Handlungsorientierung meint, dass das angebotene Material und die Arbeitsaufträge für sich selbst sprechen. Der Unterrichtsgegenstand und die zu gewinnenden Erkenntnisse werden nicht durch den Lehrer dargeboten, sondern durch die Auseinandersetzung mit dem Material und die eigene Tätigkeit gewonnen und begriffen.

Ziel der Veröffentlichung ist, Materialien zur Verfügung zu stellen, die an die unterschiedlichen Lernvoraussetzungen der Schüler anknüpfen. Jeder einzelne erhält seinen eigenen Zugang zum inhaltlichen Lernstoff. Die einzelnen Stationen ermöglichen das Lernen mit allen Sinnen bzw. nach den verschiedenen Eingangskanälen. Dabei werden sowohl visuelle (sehorientierte) als auch haptische (fühlorientierte) und auch intellektuelle Lerntypen angesprochen. An dieser Stelle werden auch gleichermaßen die Bruner'schen Repräsentationsebenen (enaktiv bzw. handelnd, ikonisch bzw. visuell und symbolisch) mit einbezogen. Aus Ergebnissen der Wissenschaft ist bekannt: Je mehr Eingangskanäle angesprochen werden, umso besser und langfristiger wird Wissen gespeichert und damit umso fester verankert. Das vorliegende Arbeitsheft unterstützt in diesem Zusammenhang das Erinnerungsvermögen, das nicht nur an Einzelheiten, an Begriffe und Zahlen geknüpft ist, sondern häufig auch an die Lernsituation.

Die vorliegenden Arbeitsblätter sind in allen Schulformen einsetzbar.

Folgende Inhalte werden innerhalb der verschiedenen Stationen behandelt:

- Körperbau und Funktion
- Ernährung
- Ökosystem Wald (Stationslauf im Wald)
- Schulstation Wald (Stationslauf in der Schule)

---

[1] Wenn in diesem Buch von Schüler gesprochen wird, ist immer auch die Schülerin gemeint. Ebenso verhält es sich mit Lehrer und Lehrerin.

Materialaufstellung und Hinweise zu den einzelnen Stationen

Körperbau und Funktion

Die Seiten 9 bis 15 und 18 bis 23 sowie die Seite 29 sind in entsprechender Anzahl zu vervielfältigen und den Schülern bereitzulegen. Als Möglichkeit zur Selbstkontrolle können Lösungsseiten erstellt werden.

Seite 9	Station 1	**Welche Form hat deine Wirbelsäule?:** Einen Holzstock bereitlegen.
Seite 10	Station 2	**Modellversuche zur Funktion der Wirbelsäule I:** Ein Holzbrett, zwei Stücke stärkeres Elektrokabel (12 cm und 17 cm), zwei Schlauchstücke (je 6 cm), Seidenpapier, Gummiband. Das Modell sollte vom Lehrer vorab zusammengebaut werden.
Seite 11	Station 3	**Modellversuche zur Funktion der Wirbelsäule II:** Ein Holzbrett, zwei Stücke stärkeres Elektrokabel (12 cm und 17 cm), zwei Filmdöschen, mehrere Centstücke. Das Modell sollte vom Lehrer vorab zusammengebaut werden.
Seite 12	Station 4	**Modellversuche zur Funktion der Wirbelsäule III:** Korkscheiben, Scheiben aus Schaumstoff, doppelseitiges Klebeband. Die Schüler können dieses Modell selbst zusammenbauen.
Seite 13–14	Station 5	**Versuche zur Muskelfunktion**
Seite 15–17	Station 6	**Aufbau und Funktion von Muskeln:** Die Seiten 16 und 17 vergrößern und als Plakate an die Wand hängen.
Seite 18	Station 7	**Wo habe ich überall Gelenke?**
Seite 19	Station 8	**Wie schwer ist meine Schultasche und wie trage ich sie?:** Eine Personenwaage und einen Stock bereitstellen. Die Schüler benötigen ihre Schultaschen/Rucksäcke.
Seite 20	Station 9	**Wie hebe ich?:** Einen leeren Kasten Wasser und einen Stock bereitlegen.
Seite 21	Station 10	**Wie sitze ich?:** Einen Stock bereitlegen.
Seite 22	Station 11	**Trage, hebe und sitze ich richtig?**
Seite 23	Station 12	**Selbstbeobachtung: Meine Bewegungsgewohnheiten**
Seite 24–25	Station 13	**Rückengymnastik:** Die Seiten 24 und 25 mit den Gymnastikübungen kopieren (evtl. vergrößern) und als Plakate an eine Wand hängen. Eventuell eine Isomatte oder Turnmatte vor die Wand legen.
Seite 26–28	Station 14	**Skelettpuzzle:** Die Seiten 26 und 27 mit der jeweiligen Rückseite aneinanderkleben, laminieren und ausschneiden. Seite 28 ebenfalls laminieren, aber **nicht** ausschneiden.
Seite 29	Station 15	**Quiz**

Ernährung

Die Seiten 30 bis 32 und 36 bis 45 sind in entsprechender Anzahl zu vervielfältigen und den Schülern bereitzulegen. Als Möglichkeit zur Selbstkontrolle können Lösungsseiten erstellt werden.

Seite 30	Station 1	**Versuch: Nachweis von Kohlenhydraten:** Kerze (Teelicht), Streichhölzer, Esslöffel, Zucker, Gummibärchen, Honig, Marmelade, Schokolade ... bereitlegen.
Seite 31	Station 2	**Versuch: Nachweis von Eiweiß:** Milch, flaches Glasschälchen, Zitronensaft, Hühnerei, Sahne, Apfelsaft ... bereitlegen.
Seite 32	Station 3	**Versuch: Nachweis von Fett:** Salatöl, Filterpapier, Wasser, Butter, Zitronensaft, Käse, geriebene Nüsse ... bereitlegen.
Seite 33–35	Station 4	**Rollenspiel: Bei der Ernährungsberatung:** Seite 33 nur einmal zur Erklärung (laminiert) an die Station legen. Die Seiten 34 (Situationen) und 35 (Lösungen) laminieren und die Kärtchen ausgeschnitten bereitlegen.
Seite 36–37	Station 5	**Die Verdauungsorgane des Menschen:** Schere und Kleber bereitlegen.
Seite 38	Station 6	**Funktion der Verdauungsorgane**
Seite 39	Station 7	**Warum soll ich essen?**
Seite 40	Station 8	**Versuch: Funktion der Speiseröhre:** Brot, einen Kniestrumpf und einen genau in den Strumpf hineinpassenden Ball bereitlegen.
Seite 41	Station 9	**Selbstbeobachtung: Meine Ernährungsgewohnheiten**
Seite 42	Station 10	**Die Zuckerdetektive:** Gummibärchen, Vollmilchschokolade und Müsliriegel bereitlegen.
Seite 43–45	Station 11	**Mein Lieblingsessen:** Schere und Kleber bereitlegen.

Ökosystem Wald (Stationslauf im Wald)

Die Seiten 46, 48, 49, 51, 54, 59–62 und 65 bis 68 sind in entsprechender Anzahl zu vervielfältigen und den Schülern bereitzulegen. Als Möglichkeit zur Selbstkontrolle können Lösungsseiten erstellt werden.

Seite 46–47	Station 1	**Erkunde die Farben des Waldes:** Die Zusatzaufgabe auf Seite 47 laminieren und an der Station bereitlegen, 4–6 (je nach Anzahl der Gruppen) DIN-A4-Kartons mit 16 Löchern versehen (oder Eierkartons mit Löchern verwenden), ein Tischtuch, ein Bestimmungsbuch (z. B. „Was blüht denn da?"); für das Pflanzenmemory noch 20 Pappteller oder Kartonstücke bereitlegen, Kärtchen, 4 Bleistifte.
Seite 48–49	Station 2	**Der Waldboden:** 4–6 Bleistifte, Lupen, 4 DIN-A4-Einsteckfolien aus Plastik, in denen schon ein weißes Blatt Papier eingesteckt ist, eine Tischdecke (oder altes Bettlaken) und eine Schaufel bereitlegen.
Seite 50–53	Station 3	**Die Baumdetektive:** Die Seite 51 in entsprechender Anzahl vervielfältigen, die Seiten 50, 52 und 53 laminieren und in doppelter Ausführung an der Station bereitlegen. 12 DIN-A4-Einsteckfolien aus Plastik, in denen schon ein weißes Blatt Papier eingesteckt ist, Bleistifte, Tüte, Scheren; für die Zusatzaufgabe noch 24 Pappteller oder Kartonstücke bereitlegen.
Seite 54–57	Station 4	**Was krabbelt da?:** Die Seiten 55, 56 und 57 laminieren und an der Station bereitlegen. Marmeladenglas mit Löchern oder Schnappdeckelglas, Lupen, Bleistifte und 2 weiße DIN-A4-Papierbögen bereitlegen.
Seite 58–60	Station 5	**Die Stockwerke des Waldes:** Die Seite 58 laminieren und an der Station bereitlegen. 4 Wäscheleinen, 8 Wäscheklammern, 4 DIN-A4-Einsteckfolien aus Plastik, die schon ein weißes Blatt enthalten, Bleistifte, Wachsmalstifte bereitlegen.
Seite 61	Station 6	**Wie hoch ist mein Lieblingsbaum?:** Einen geraden, ca. armlangen Stock bereitlegen.
Seite 62–63	Station 7	**Auf Spurensuche:** Die Seite 63 laminieren und zusätzlich in entsprechender Anzahl der Gruppen an der Station bereitlegen. Tüten, ein Tuch, Schere, Stifte bereitlegen.
Seite 64–66	Station 8	**Spiele: Wer frisst wen?** Die Seite 64 laminieren und an der Station bereitlegen. Mehrere DIN-A4-Blätter, Schere, Kleber, Stift bereitlegen. Es können Kärtchen mit oder ohne Namen verwendet werden.
Seite 67	Station 9	**Mein Baum:** Augenbinde oder Tuch bereitlegen.
Seite 68	Station 10	**Baue eine Kugelbahn aus Waldteilen:** Plastik oder Holzkugel (etwas kleiner als ein Handball), von den Schülern im Wald gefundenes Material wie Stöcke, Baumrinden, Klötze, Steine, Zweige, Blätter usw.

Schulstation Wald (Stationslauf in der Schule)

Die Seiten 69 bis 75 sind in entsprechender Anzahl zu vervielfältigen und den Schülern bereitzulegen. Als Möglichkeit zur Selbstkontrolle können Lösungsseiten erstellt werden.

Seite 69–70	Station 1	**Beobachtungs-Fühl-Station:** Einen Eimer mit Regenwürmern, Lineale, Lupen, Bleistifte, weißes Papier, Einsteckfolien, einen Eimer Wasser, Schalen mit feuchten Taschentüchern bereitstellen.
Seite 71	Station 2	**Untersuchungsstation: Findest du die Kleinstlebewesen?:** Den Bestimmungsschlüssel auf Seite 55 laminieren und Seite 57 zusätzlich bereitlegen. Eine Tüte mit gesammeltem feuchtem Laub des Waldbodens; für das Bauen des Berleseapparates: Trichter (z.B. aus Pappe), dunkler Eimer, Eimerdeckel aus runder Pappe mit einem Loch als Eingang für den Trichter in der Mitte, ein Glasgefäß, eine Lampe, Lupen, ein Mikroskop und ein Binokular bereitlegen.
Seite 72	Station 3	**Natur im Gleichgewicht**
Seite 73	Station 4	**Nahrungspyramide**
Seite 74	Station 5	**In welchem Bereich des Waldes leben die Tiere?**
Seite 75	Station 6	**Der Nahrungskreislauf**

Laufzettel

für ______________________________

Pflichtstationen

Stationsnummer	erledigt	kontrolliert
Nummer _____		
Nummer _____		
Nummer _____		
Nummer _____		
Nummer _____		
Nummer _____		
Nummer _____		
Nummer _____		
Nummer _____		

Wahlstationen

Stationsnummer	erledigt	kontrolliert
Nummer _____		
Nummer _____		
Nummer _____		
Nummer _____		
Nummer _____		

Station 1

Welche Form hat deine Wirbelsäule?

Name:

Material:

Ein Holzstock oder Holzstab

Aufgabe 1:

Findet in Partnerarbeit heraus, wie eure Wirbelsäule geformt ist. Nehmt dafür einen Holzstock. Stellt euch aufrecht hin und haltet den Stock in einer Linie vom Schädel bis zum Steißbein an den Körper eures Partners (vgl. Abbildung). An welchen Stellen berührt der Körper den Stock?

Aufgabe 2:

Überlegt anhand der Ergebnisse aus Aufgabe 1, welche Form die Wirbelsäule haben könnte, und zeichnet die richtige Form der Wirbelsäule ein.

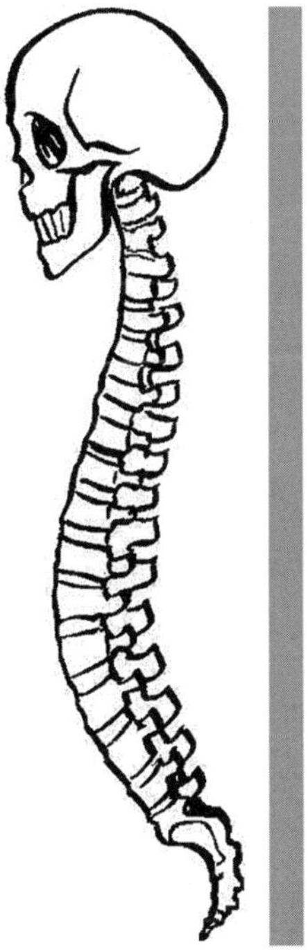

Ergebnis:

Die Wirbelsäule hat folgende Form:

Station 2

Modellversuche zur Funktion der Wirbelsäule I

Name: ______________________

Frage:

Hilft die doppelt s-förmige Krümmung der Wirbelsäule dabei, Sprünge abzufedern? Was vermutet ihr?

____

____

Material:

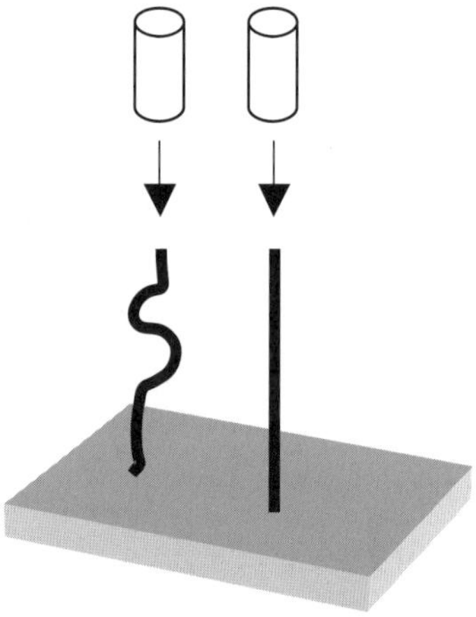

Auf einem Holzbrett sind zwei aus Kabeldraht (stärkeres Elektrokabel) geformte Modelle der Wirbelsäule befestigt (ca. 12 cm und 17 cm lang). Das längere Kabelstück ist wie die doppelte S-Form der Wirbelsäule geformt, das kürzere hat eine gerade Form. Dazu gibt es zwei Schlauchstücke (je ca. 6 cm lang), deren Öffnung mit Seidenpapier bespannt ist (mit Gummiband am Schlauchstück befestigen).

Durchführung:

- Lasst die Schlauchstücke mit dem Seidenpapier vorsichtig auf die beiden Enden der Drahtmodelle fallen.
- Führt diesen Versuch dreimal durch. Bespannt die Schlauchstücke neu, wenn das Papier gerissen ist.

Beobachtung:

Tragt eure Beobachtungen in die Tabelle ein (Versuch 1–3).

gerades Drahtmodell der Wirbelsäule	doppelt s-förmiges Drahtmodell der Wirbelsäule
1. ____________	1. ____________
2. ____________	2. ____________
3. ____________	3. ____________

Ergebnis: (Lest euch noch einmal die Frage durch und formuliert dann das Ergebnis.)

____

____

Name: ______________

Modellversuche zur Funktion der Wirbelsäule II

Frage:

Hilft die doppelt s-förmige Krümmung der Wirbelsäule, Gewicht auszuhalten? Was vermutet ihr?

____

____

Material:

Auf einem Holzbrett sind zwei aus Kabeldraht (stärkeres Elektrokabel) geformte Modelle der Wirbelsäule befestigt (ca. 12 cm und 17 cm lang). Das längere Kabelstück ist wie die doppelte S-Form der Wirbelsäule geformt, das kürzere hat eine gerade Form. Dazu benötigt man zwei Filmdöschen und mehrere Centstücke.

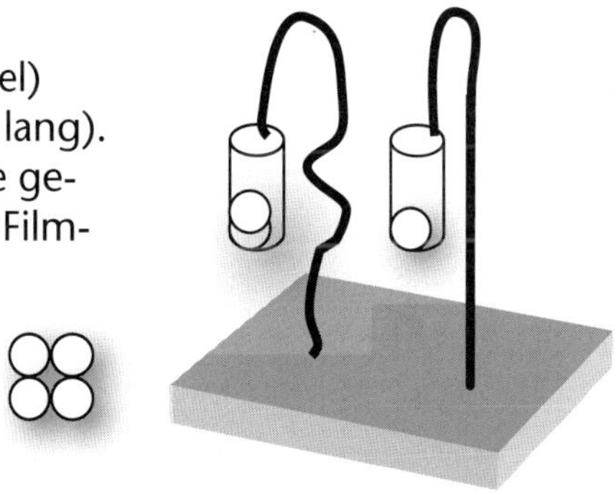

Durchführung:

- Legt in beide Döschen jeweils ein Centstück.
- Füllt so lange jeweils ein Centstück nach, bis das Modell umkippt.

Beobachtung:

Notiert eure Beobachtungen in der Tabelle. Wie viele Centstücke tragen die Modelle?

gerades Drahtmodell der Wirbelsäule	doppelt s-förmiges Drahtmodell der Wirbelsäule

Ergebnis: (Lest euch noch einmal die Frage durch und formuliert dann das Ergebnis.)

____

____

Station 4

Modellversuche zur Funktion der Wirbelsäule III

Name: ______________________

Frage:

Was macht die Wirbelsäule beweglich? Was vermutet ihr?

____

____

Material:

Korkscheiben, Scheiben aus Schaumstoff (gleicher Durchmesser wie die Korkscheiben), doppelseitiges Klebeband

Durchführung:

- Baut Modell 1 und Modell 2 wie in der Abbildung dargestellt. Für Modell 1 befestigt ihr abwechselnd eine Korkscheibe und ein Stück Schaumstoff mit doppelseitigem Klebeband aneinander. Für Modell 2 nehmt ihr nur Korkscheiben, die ihr ebenfalls mit doppelseitigem Klebeband aneinander befestigt.
- Versucht dann, die Modelle zur Seite zu biegen.

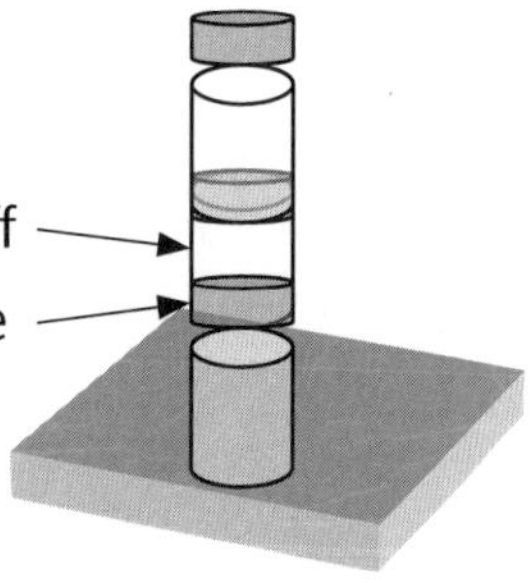

Modell 1

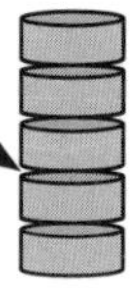

Modell 2

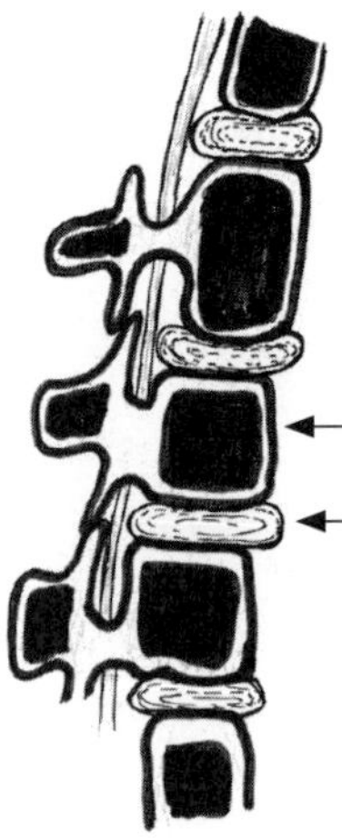

Wirbelsäule

Beobachtung:

Was beobachtet ihr beim Umbiegen der Modelle?

____

Aufgabe:

Vergleicht die einzelnen Teile von Modell 1 mit der Abbildung der Wirbelsäule.
Welchen Teilen der Wirbelsäule entsprechen sie?

Schaumstoff ≙ ____________________

Korkscheibe ≙ ____________________

Ergebnis: (Lest euch noch einmal die Frage durch und formuliert dann das Ergebnis.)

____

____

Versuche zur Muskelfunktion

Name:

Frage:

Welche Aufgaben haben unsere Muskeln? Was vermutest du?

Aufgabe:

Führe folgende Übungen durch und notiere, was du dabei spürst:

Ellbogen-Curls

Lege beide Hände mit gebeugten Fingerknochen an die Schläfen. Die Daumen zeigen nach unten. Halte die Hände an die Schläfen und versuche, die Ellbogen zusammenzudrücken. Wiederhole diese Übung 10-mal.
Was spürst du?

Kleines Armkreisen

Strecke die Arme zur Seite und kreise 20- bis 40-mal damit. Was spürst du?

Wandsitz

Lehne dich an eine Wand und drücke die Hüften dagegen. Rutsche jetzt so weit nach unten, als würdest du auf einem Stuhl sitzen. Bleibe 1–3 Minuten so.
Was spürst du?

Station 5

Versuche zur Muskelfunktion

Name: ____________________

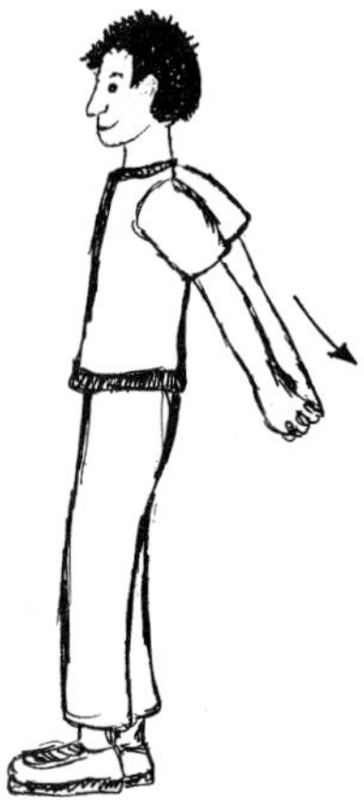

Armzieher

Halte deinen Rücken gerade und nimm die Hände hinter dem Rücken zusammen. Ziehe deine gestreckten Arme so weit wie möglich nach hinten und oben. Wenn du nicht mehr weiter ziehen kannst, halte diese Position 30 Sekunden lang.
Was spürst du?

____

____

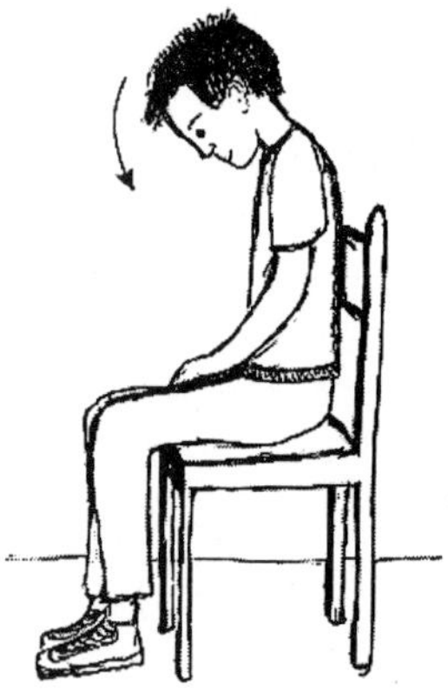

Nackenzieher

Setze dich gerade hin und ziehe das Kinn bis auf die Brust.
Halte diese Position 30 Sekunden lang.
Was spürst du?

____

____

Ellbogenzieher

Nimm beide Arme nach oben. Die linke Hand schiebt den rechten Ellbogen hinter dem Kopf nach hinten. Halte 30 Sekunden lang.
Was spürst du?

____

____

Beobachtung:

Was wird durch diese Übungen mit den Muskeln erreicht?

Die Muskeln werden durch Muskeltraining ______________ und durch Muskeldehnung ______________ gehalten. Das ist für ein gesundes Skelett und damit auch für eine gesunde Wirbelsäule sehr wichtig.

Station 6

Aufbau und Funktion von Muskeln

Name: ______________________

Aufgabe 1:

a) Probiere selbst aus, welche Muskeln Bein, Arm und Fuß strecken und beugen.

b) Auf den Abbildungen unten siehst du, welcher Muskel bei den Strichmännchen jeweils beim Beinstrecken und -beugen arbeitet.
Welche Bewegung machen die Strichmännchen? Zeichne bei jedem Bild die richtige der beiden gestrichelten Linien nach. Beschrifte den Beugemuskel und den Streckmuskel.

Abbildung 1

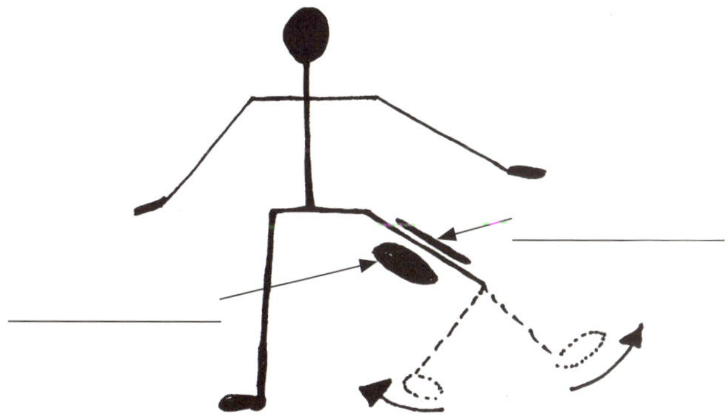

Abbildung 2

Aufgabe 2:

a) Lies dir folgenden Text an deinem Platz durch.

Der Mensch hat über 600 verschiedene Muskeln. Um Bewegungen wie Strecken und Beugen (z.B. des Arms) zu machen, sind zwei Muskeln beteiligt, die sich abwechselnd verkürzen und dabei hart und dick werden. Sie werden „Beugemuskel" und „Streckmuskel" genannt und arbeiten als „Gegenspieler" zusammen. Die Muskeln sind über Sehnen mit den Knochen verbunden und bewegen so unser Skelett. Jeder Muskel ist aus vielen Muskelfasern zusammengesetzt und von einer festen Hülle umgeben.

b) Gehe dann nacheinander zu den ausgehängten Plakaten und entscheide dich jeweils für den richtigen der zwei angegebenen Sätze.

c) Notiere am Platz den Buchstaben, der hinter dem richtigen Satz steht.

d) Wenn du dir nicht sicher bist, gehe wieder an deinen Platz zurück und lies im Text nach.

e) Wenn du die Buchstaben in der richtigen Reihenfolge ordnest, ergibt sich ein Lösungswort.
Schreibe es auf:

Station 6

Vorlagen für Plakate I

1.

Muskeln bestehen aus Muskelfasern.	B
Muskeln bestehen aus Nervenfasern.	D

2.

Bei jeder Bewegung arbeiten Muskeln zusammen.	E
Bei jeder Bewegung arbeitet immer nur ein Muskel.	A

3.

Wenn man den Arm beugt, „arbeitet" der Beugemuskel, indem er dünner und länger wird.	L
Wenn man den Arm beugt, „arbeitet" der Beugemuskel, indem er sich verkürzt und hart wird.	W

4.

Beugemuskel und Streckmuskel arbeiten als „Gegenspieler" zusammen.	E
Beugemuskel und Streckmuskel arbeiten als „Mitspieler" zusammen.	O

Station 6

Vorlagen für Plakate II

5.

Der Mensch hat über 600 verschiedene Muskeln.	G
Der Mensch hat über 300 verschiedene Muskeln.	I

6.

Muskeln werden von einer festen Kapsel umgeben.	L
Muskeln werden von einer festen Hülle umgeben.	U

7.

Muskeln sind über Bänder mit den Knochen verbunden.	I
Muskeln sind über Sehnen mit den Knochen verbunden.	N

8.

Der Beugemuskel und der Streckmuskel verkürzen sich immer nacheinander.	G
Der Beugemuskel und der Streckmuskel verkürzen sich immer gleichzeitig.	D

Station 7

Wo habe ich überall Gelenke?

Name:

Aufgabe 1:

Testet selbst, wo ihr Gelenke habt. Arbeitet zu zweit zusammen und erprobt eure Beweglichkeit mit dem Spiegelbildspiel. Stellt euch dazu gegenüber. Ein Partner zeigt dann dem anderen eine Bewegung, die er/sie als dein Spiegelbild nachmacht. Danach tauscht ihr die Rollen.

Aufgabe 2:

Zeichnet überall dort, wo ihr in eurem Körper Gelenke habt, rote Kreise in die Zeichnung.

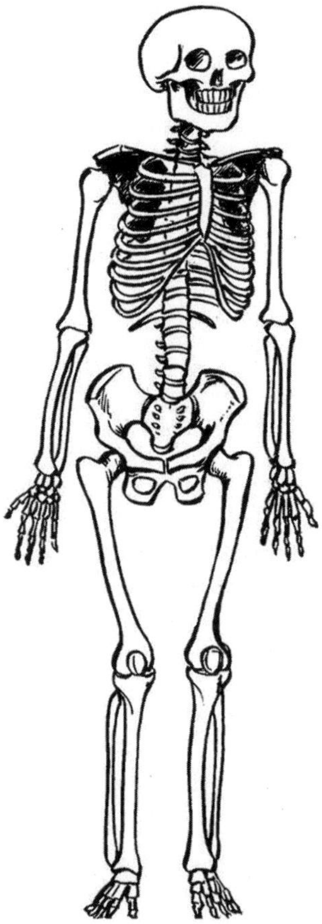

Aufgabe 3:

Beschriftet auf der Zeichnung folgende Gelenke:

Kniegelenk, Schultergelenk, Daumengelenk, Ellbogengelenk, Hüftgelenk

Aufgabe 4:

Welche Aufgabe haben deine Gelenke?

Station 8

Wie schwer ist meine Schultasche und wie trage ich sie?

Name: ______________________

Aufgabe 1:

Wiegt eure Schultaschen. Wie schwer sind sie? ▶ ______________________

Aufgabe 2:

Die Schultasche darf höchstens 10 % des Körpergewichtes wiegen. Teile dein Körpergewicht durch 10. Dann weißt du, wie schwer deine Schultasche höchstens sein darf. Um wie viel Kilogramm ist sie zu schwer?

Partner 1: __________ (Körpergewicht) : 10 = ______________ (Höchstgewicht Schultasche) ▶ ______ kg zu schwer

Partner 2: __________ (Körpergewicht) : 10 = ______________ (Höchstgewicht Schultasche) ▶ ______ kg zu schwer

Aufgabe 3:

Was könnt ihr machen, damit eure Schultasche nicht zu schwer wird? Schreibt Ideen auf.

____

____

____

Aufgabe 4:

Trage deine Schultasche, wie du sie immer trägst. Dein Partner kontrolliert mit dem Stock, welche Teile deiner Wirbelsäule den Stock berühren und ob die Wirbelsäule mit dem Stock in einer Linie verläuft. Halte den Stock in einer Linie vom Schädel bis zum Steißbein an den Körper deines Partners. Dann tauscht ihr die Rollen.

Aufgabe 5:

Kreuzt an, wie man die Schultasche am besten tragen sollte, damit die Wirbelsäule möglichst wenig belastet wird.

- ☐ Rucksack auf dem Rücken tragen (Abbildung 1 bei Aufgabe 6)
- ☐ Schulsachen in einer Tasche mit einer Hand tragen (Abbildung 2 bei Aufgabe 6)
- ☐ Rucksack über einer Schulter tragen (Abbildung 3 bei Aufgabe 6)

Aufgabe 6:

Zeichnet die Wirbelsäule mit rotem Buntstift ein.
Streicht das Bild/die Bilder durch, wo die Wirbelsäule nicht gleichmäßig belastet wird.

Abbildung 1

Abbildung 2

Abbildung 3

Station 9

Name: ____________________

Wie hebe ich?

Aufgabe 1:

Hebe den Wasserkasten hoch.
Probiere aus, wie du ihn hochheben musst, um deine Wirbelsäule möglichst gerade zu halten.
Dein Partner kontrolliert mit dem Stock, welche Teile deiner Wirbelsäule den Stock berühren.
Halte den Stock in einer Linie vom Schädel bis zum Steißbein deines Partners. Dann tauscht ihr die Rollen.

Aufgabe 2:

Zeichnet auf den Bildern den Stock ein. Zeichnet die Wirbelsäule mit rotem Buntstift ein.
Streicht das Bild durch, bei dem die Wirbelsäule nicht gleichmäßig belastet wird.

Abbildung 1

Abbildung 2

Aufgabe 3:

Kreuzt Aussagen an, die für ein Heben zutreffen, bei dem deine Wirbelsäule möglichst wenig belastet wird.

- ☐ Ich gehe in die Knie.
- ☐ Ich beuge meinen Oberkörper.
- ☐ Ich hebe den Kasten mit gestreckten Armen.
- ☐ Ich hebe den Kasten mit gebeugten Armen.
- ☐ Ich lasse meine Knie gestreckt.

Station 10

Name: ____________________

Wie sitze ich?

Aufgabe 1:

Setze dich in verschiedenen Positionen an den Tisch und versuche zu schreiben.
Dein Partner kontrolliert mit dem Stock, welche Teile deiner Wirbelsäule den Stock jeweils berühren. Halte den Stock in einer Linie vom Schädel bis zum Steißbein an den Körper deines Partners. Dann tauscht ihr die Rollen.

Aufgabe 2:

Zeichnet die Wirbelsäule mit rotem Buntstift ein.
Streicht das Bild durch, bei dem die Wirbelsäule nicht gleichmäßig belastet wird.

Abbildung 1

Abbildung 2

Aufgabe 3:

Kreuzt Aussagen an, die für ein Schreiben am Tisch zutreffen, bei dem deine Wirbelsäule möglichst wenig belastet wird.

- ☐ Meine Füße stehen beide fest auf dem Boden.
- ☐ Ich beuge mich dicht über das Heft.
- ☐ Ich halte möglichst viel Abstand vom Heft.

Station 11

Trage, hebe und sitze ich richtig?

Name: ______________________

Aufgabe:

Verbinde die verschiedenen Bilder mit den Schemazeichnungen der Wirbelsäule in der Mitte des Blattes. Überlege, wann die Wirbelsäule gleichmäßig belastet wird und wann sie ungleichmäßig belastet wird.

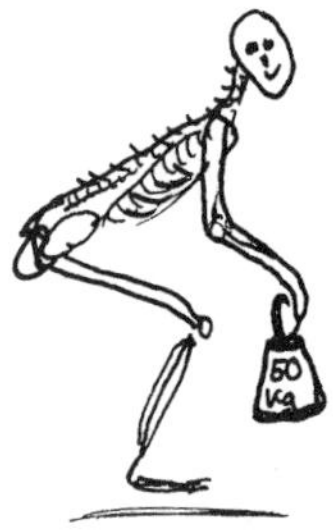

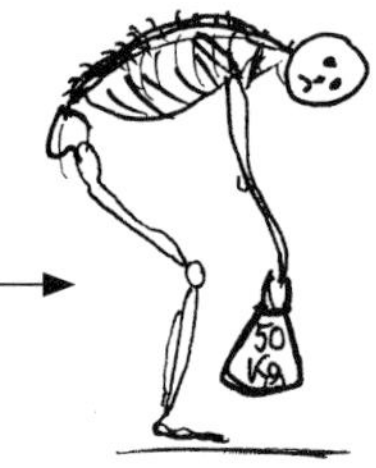

Eine gleichmäßig belastete Wirbelsäule sieht so aus:

Eine ungleichmäßig belastete Wirbelsäule sieht so aus:

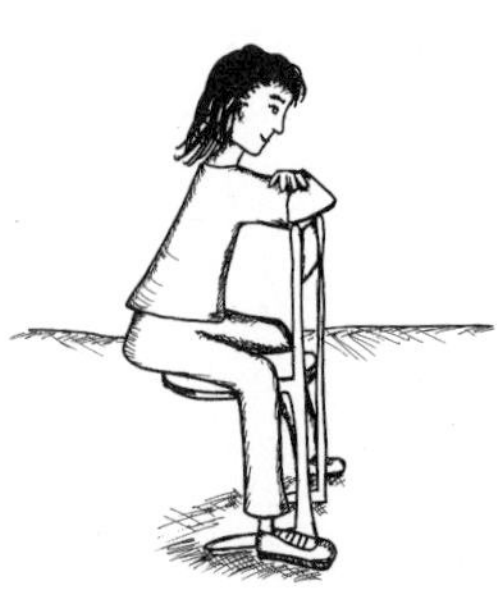

Station 12

Selbstbeobachtung: Meine Bewegungsgewohnheiten

Name: ______________________

Aufgabe:

Lies die Sätze unten im „Bewegungsstern". Markiere dann auf der Achse den Punkt farbig, der auf dich zutrifft.

◇ bedeutet „selten bis nie"

◎ bedeutet „ab und zu"

✥ bedeutet „oft"

☆ bedeutet „meistens"

Verbinde anschließend die Punkte untereinander und vergleiche mit der Auswertung in den Lösungen. Was trifft auf dich zu? Was kannst du an deinen Gewohnheiten ändern?

____

____

____

Bewegungsstern:

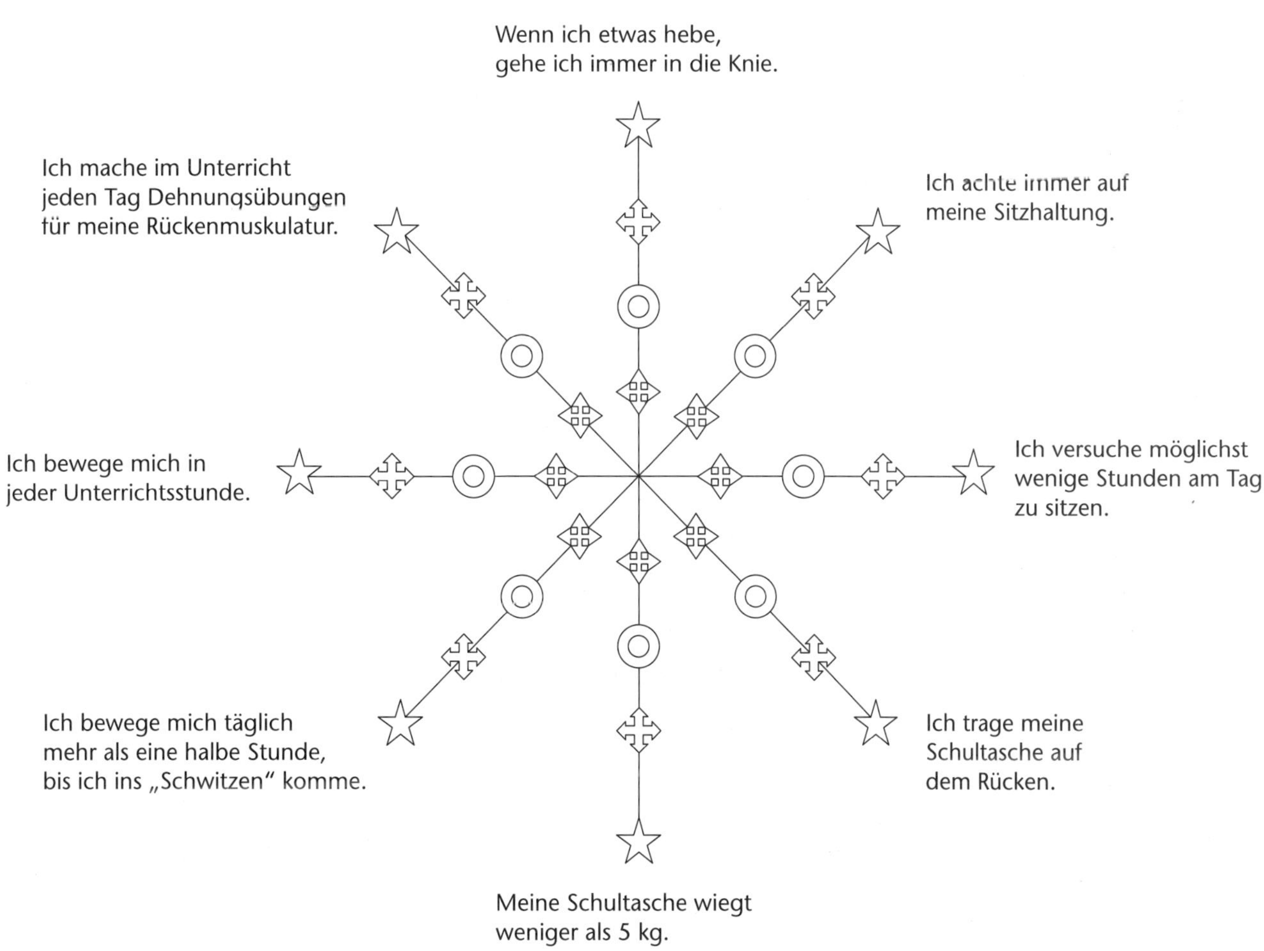

Station 13

Rückengymnastik

Aufgabe:

Sieh dir die Plakate mit den vier verschiedenen Übungen an und führe sie aus. Im Folgenden findest du auch eine Beschreibung der einzelnen Übungen.

Übung 1: Hund und Katze

Knie dich auf den Boden wie auf Abbildung 1 dargestellt. Verteile dein Gewicht gleichmäßig. Halte deine Füße entspannt. Beuge nun deinen Rücken langsam im Wechsel zu einem Rundrücken und einem Hohlkreuz. Wiederhole diese Übung 15-mal.

Übung 2: Vierfüßlerstand mit gestreckten Beinen

Knie dich auf den Boden wie auf Abbildung 2 dargestellt. Die Knie sollen leicht gespreizt sein und etwas nach außen zeigen. Die Zehen sind angewinkelt. Hebe nun dein Becken und strecke die Knie durch. Zähle in der gestreckten Position bis 40. Wiederhole diese Übung 3-mal.

Übung 3: Rumpfbeuge seitwärts

Stelle dich mit dem Rücken an die Wand. Spreize deine Beine. Beide Füße zeigen zuerst nach vorne. Drehe dann den linken Fuß nach links und beuge den Oberkörper nach links. Die Arme bleiben noch ausgestreckt.
Dann wandert der linke Arm hinter das linke Bein und den rechten Arm streckst du nach oben. Halte diese Position und zähle bis 45, bevor du die Übung zur anderen Seite ausführst. Wiederhole die Übung 2-mal für jede Seite.

Übung 4: Ballübergeber

Nimm dir einen Ball und lege dich auf den Bauch. Der Kopf ist leicht angehoben. Reiche den Ball mit der linken Hand hinter den Rücken und übergib ihn dort an die rechte Hand. Überreiche ihn dann vor dem Kopf von der rechten Hand wieder an die linke Hand. Dein Gesicht schaut dabei immer zum Boden und die Fußspitzen sind auf den Boden gestellt. Wiederhole die Übung 8-mal.

Station 13

Abbildungen zum Kopieren und Aufhängen

Übung 1: Hund und Katze

Übung 2: Vierfüßlerstand mit gestreckten Beinen

Übung 3: Rumpfbeuge seitwärts

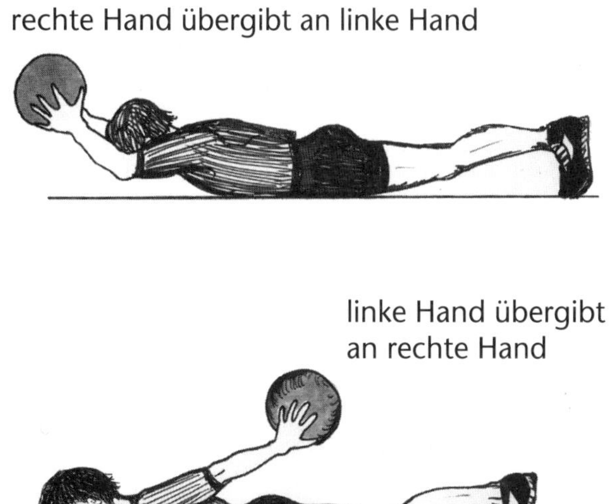

Übung 4: Ballübergeber

Station 14

Skelettpuzzle

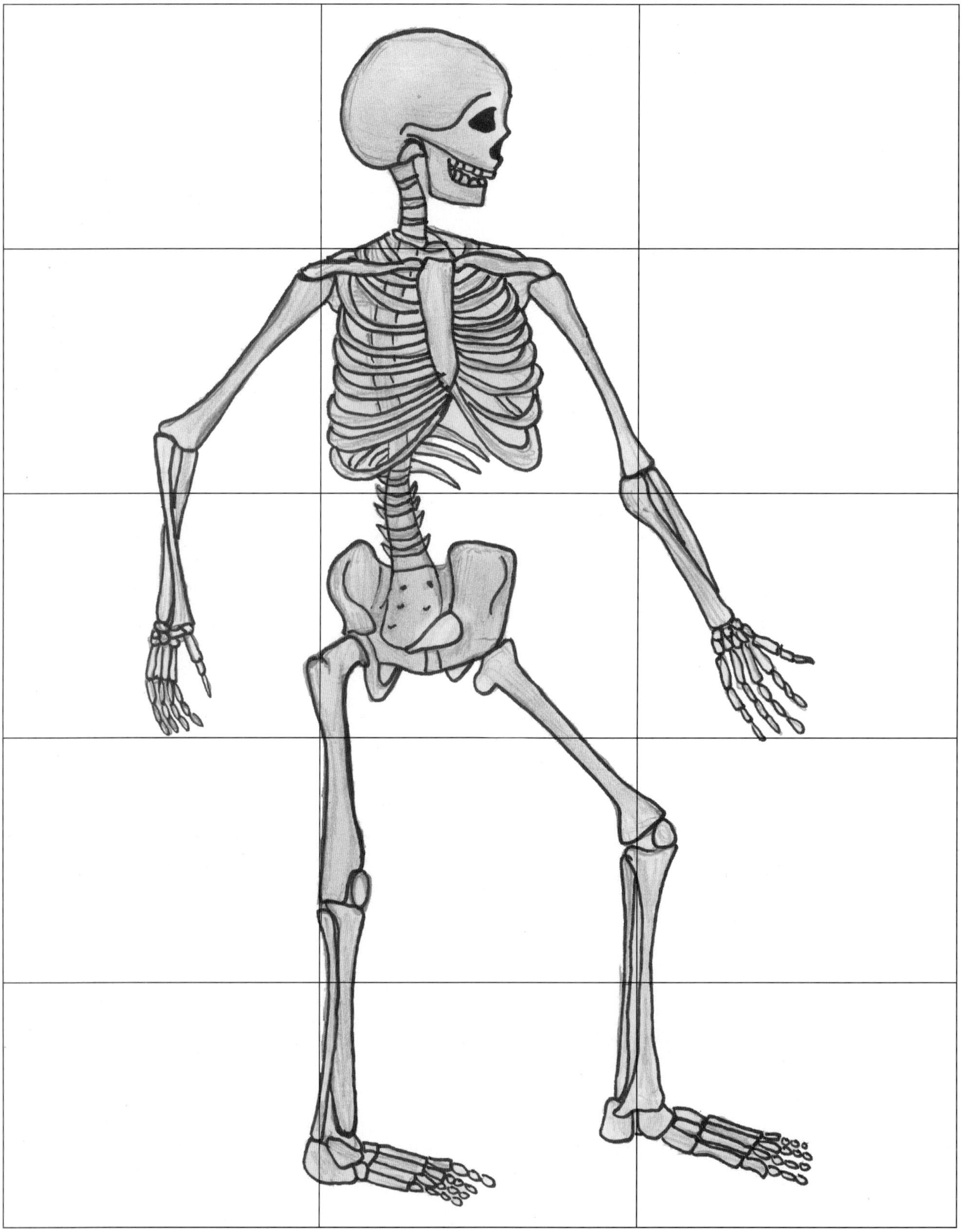

Station 14

Skelettpuzzle

Skelettteil, das Herz und Lungen schützt	Muskel, der sich beim Strecken des Armes zusammenzieht	Liegt zwischen den Wirbeln, damit sie nicht aneinander reiben.
Hält den Körper aufrecht und umschließt das Rückenmark.	Gegenspieler vom Streckmuskel	Bewegliche Verbindung zwischen zwei Knochen
Gelenkart, die du in alle Richtungen bewegen kannst	Einer der beiden Unterarmknochen	Gelenke sind damit überzogen, damit sie nicht aufeinander reiben
So solltest du deine Schulsachen transportieren.	Diese Form hat deine Wirbelsäule	Damit sind die Muskeln an den Knochen befestigt.
Die Wirbelsäule besteht aus einzelnen …	Muskeln können sich nur …	Die besondere Form der menschlichen Wirbelsäule ermöglicht den …

Station 14

Skelettpuzzle

Aufgabe:

Lege die Puzzleteile mit der Schrift nach unten richtig auf die Wörter. Wenn du alles richtig machst, entsteht ein Bild.

Bandscheiben	Armstrecker	Brustkorb
Gelenk	Beugemuskel	Wirbelsäule
Gelenkknorpel	Elle	Kugelgelenk
Sehnen	doppelt s-förmige Krümmung	In einem Rucksack, den du auf dem Rücken trägst (auf beiden Schultern).
aufrechten Gang	zusammenziehen	Wirbeln

Station 15

Quiz

Name: ______________________

QUIZ

1. Streiche den falschen Satz durch. ___ /2 P.

Eine normale Haltung bekommt man durch das häufige Tragen von schweren Taschen auf einer Schulter und zu wenig Bewegung.
Eine normale Haltung bekommt man durch viel Bewegung, eine gute Körperhaltung beim Sitzen und einen Rucksack für das Tragen von Einkäufen oder Schulsachen.

2. Zwischen deinen Wirbelkörpern befinden sich die **Bandscheiben**. Welche Aufgabe haben sie? ___ /2 P.

____

____

____

3. Was macht deinen Körper so beweglich? Zähle alles auf, was dir einfällt. ___ /3 P.

____

____

____

____

4. Wie kannst du deine Muskeln kräftigen? Kreuze an. ___ /3 P.

- ☐ Wenn ich viel esse.
- ☐ Wenn ich mich viel bewege.
- ☐ Wenn ich gerade sitze.

5. Wie sollte man etwas hochheben? ___ /3 P.

____

____

____

____

6. Streiche den falschen Satz durch. ___ /2 P.

Die Wirbelsäule hat eine doppelt s-förmige Krümmung
Die Wirbelsäule ist gerade.

Station 1

Versuch: Nachweis von Kohlenhydraten

Name: ______________________

Frage:

Woraus besteht Zucker?

Material:

Kerze, Streichhölzer, Esslöffel, Zucker, Gummibärchen, Honig, Marmelade, Schokolade

Durchführung:

Erhitze Zucker auf einem Esslöffel über einer Kerzenflamme, wie in der Abbildung gezeigt.

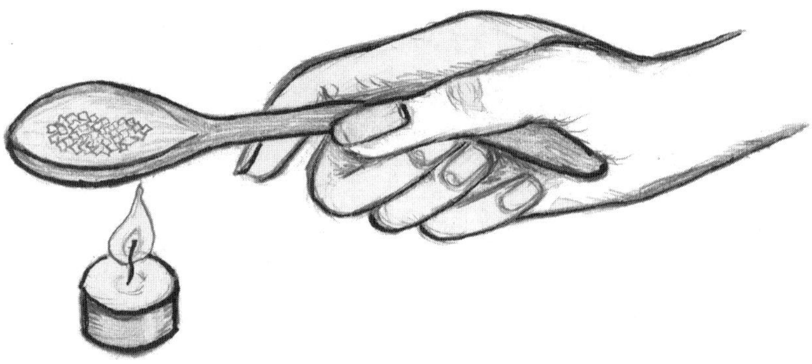

Beobachtung:

Der Zucker ____.

Information:

Nahrungsmittel, die **Kohlenhydrate** enthalten, verkohlen und werden schwarz, wenn man sie stark erhitzt.

Ergebnis:

Zucker besteht aus ______________________________.

Für Forscher:

Teste weitere Nahrungsmittel, wie z.B. Gummibärchen, Honig, Marmelade, Schokolade, …
Kreuze in der Tabelle an, ob sie Kohlenhydrate enthalten oder nicht.

	Zucker	Gummibärchen	Honig	Marmelade	Schokolade	________	________
enthält Kohlenhydrate	x						
enthält keine Kohlenhydrate							

Station 2

Versuch: Nachweis von Eiweiß

Name: ______________________

Frage:

Woraus besteht Milch?

Material:

Milch, flaches Glasschälchen, Zitronensaft, Hühnerei, Sahne, Apfelsaft

Durchführung:

Schütte etwas Milch in ein flaches Glasschälchen. Füge nun etwas Zitronensaft hinzu (vgl. Abbildung).

Beobachtung:

____

____

____

Information:

Nahrungsmittel, die viel **Eiweiß** enthalten, flocken aus, wenn sie mit Säuren (Zitronensaft oder Essig) in Berührung kommen.

Ergebnis:

Milch besteht zum großen Teil aus ______________________.

Für Forscher:

Teste weitere Nahrungsmittel, wie z.B. Hühnerei, Sahne, Apfelsaft, …
Kreuze in der Tabelle an, ob sie Eiweiß enthalten oder nicht.

	Milch	Hühnerei	Sahne	Apfelsaft	____________	____________
enthält Eiweiß	×					
enthält kein Eiweiß						

Station 3

Versuch: Nachweis von Fett

Name: ____________________

Frage:

Woraus besteht Salatöl?

Material:

Salatöl, Filterpapier, Wasser, Butter, Zitronensaft, Käse, geriebene Nüsse

Durchführung:

Träufle etwas Salatöl auf ein Stück Filterpapier. Träufle auf eine andere Stelle des Filterpapiers etwas Wasser (vgl. Abbildung). Lasse das Filterpapier trocknen. Halte es gegen das Licht. Was kannst du beobachten?

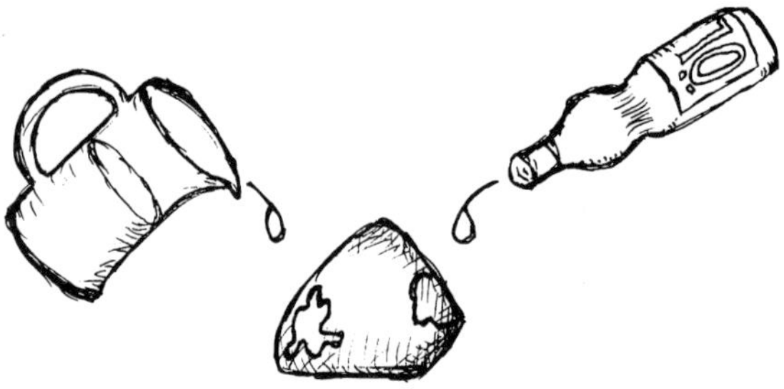

Beobachtung:

____

____

____

Information:

Nahrungsmittel, die viel Fett enthalten, hinterlassen auf Filterpapier einen durchscheinenden Fettfleck.

Ergebnis:

Salatöl besteht aus ____________________.

Für Forscher:

Teste weitere Nahrungsmittel, wie z. B. Butter, Zitronensaft, Käse, geriebene Nüsse, …
Kreuze in der Tabelle an, ob sie Fett enthalten oder nicht.

	Salatöl	Butter	Zitronensaft	Käse	geriebene Nüsse	________	________
enthält Fett	x						
enthält kein Fett							

Station 4

Rollenspiel: Bei der Ernährungsberatung

Aufgabe:

Spielt zu zweit eine Situation bei der Ernährungsberatung nach. Es gibt folgende Rollen:

Partner A: Ernährungsberater / Ernährungsberaterin

Partner B: Patient / Patientin

Der Patient hat Probleme mit seinen Essgewohnheiten. Der Ernährungsberater möchte ihm helfen.

Lest hierfür zunächst die Ernährungsregeln in dem Kasten unten. Verteilt die Rollen und wählt eine der drei vorgegebenen Situationen. Spielt dann das Beratungsgespräch nach. Auf den Lösungskärtchen könnt ihr anschließend überprüfen, ob der Patient richtig beraten wurde.
Tauscht nach jeder Situation die Rollen.

Ernährungsregeln:

- Um leistungsfähig und gesund zu bleiben, sollte ein Mensch täglich **ausreichend** Nahrung zu sich nehmen.
- **Viel gegessen** werden sollten frisches Gemüse, Obst, Milch, Joghurt, Fisch, mageres Fleisch, Getreide und Getreideprodukte (Brot, Nudeln, Reis) aus Vollkorn.
- **Wenig gegessen** werden sollten fettes Fleisch, Wurst, Salz, Zucker und Süßigkeiten.
- **Viel Flüssigkeit** zu trinken (täglich mindestens zwei Liter Wasser oder zuckerarme Getränke) ist wichtig.
- **Wenig getrunken** werden sollten mit Zucker gesüßte Getränke.
- Man sollte lieber **öfter kleinere** Mahlzeiten zu sich nehmen als wenige große.
- Ein **Frühstück vor der Schule** ist besonders wichtig.

Kärtchen mit Situationen

Situation 1

Patient:

Du frühstückst immer eine Banane. In der Schule isst du nichts, dafür trinkst du viel Mineralwasser. Deine Mutter kocht mittags meistens etwas Leckeres. Du isst immer viel Gemüse. Nudeln, Reis oder Kartoffeln isst du lieber nicht, denn du willst nicht zunehmen. Abends gibt es immer eine dünne Scheibe Brot mit Belag. Du schmierst dir etwas Joghurt auf das Brot, weil du keinen Käse und keine Wurst essen willst, denn das findest du zu fettig. Beim Sport ist dir häufig schwindlig und du bist sehr mager.

Ernährungsberater:

Was macht dein / deine Patient / Patientin bei der Ernährung falsch?
Wie kann er / sie sich besser ernähren?

Situation 2

Patient:

Du gehst morgens ohne Frühstück aus dem Haus, denn dafür bist du noch zu müde. In der Schule isst du einen Schokoriegel und trinkst Eistee. Mittags isst du am liebsten ein Stück Kuchen, das du dir beim Bäcker aussuchst, und eine Banane und trinkst ein Glas Kakao dazu. Nachmittags bedienst du dich immer aus dem Süßigkeitenschrank bei euch zu Hause. Abends schmierst du dir ein leckeres Brot mit Marmelade, Honig oder Nutella.

Ernährungsberater:

Was macht dein / deine Patient / Patientin bei der Ernährung falsch?
Wie kann er / sie sich besser ernähren?

Situation 3

Patient:

Du isst zum Frühstück gerne Brot mit Schinken. In der Frühstückspause holst du dir am Schulkiosk immer ein Würstchen. Mittags isst du am liebsten in der Schulkantine ein Schnitzel mit Bratkartoffeln. Abends isst du häufig Brötchen mit Wurstbelag.

Ernährungsberater:

Was macht dein / deine Patient / Patientin bei der Ernährung falsch?
Wie kann er / sie sich besser ernähren?

Kärtchen mit Lösungen zu den Situationen

Lösung: ***Situation 1***

Der Patient / die Patientin isst viel zu wenig und zu einseitig. Es ist zwar gesund, viel Obst und Gemüse zu essen, aber um gesund und leistungsfähig zu bleiben, sollte der Patient / die Patientin auch Käse, Fleisch, Fisch, Milch, Butter, Kartoffeln und Getreideprodukte zu sich nehmen. Die Folgen einer solchen Ernährung sind Mangelerscheinungen und Untergewicht. Dies kann zu schlimmen Problemen führen. In manchen Fällen beginnt so die Magersucht. Diese kann sogar tödlich enden.

Lösung: ***Situation 2***

Es ist nicht gut, ohne Frühstück in die Schule zu gehen, da das Gehirn ohne Kohlenhydrate nicht leistungsfähig ist. Der Patient / die Patientin kann sich dann nicht konzentrieren.
Der Patient / die Patientin isst zu viel Zucker. Diese Ernährung ist einseitig und kann zu Mangelerscheinungen führen. Durch das Essen von zu viel Zucker kann der Patient / die Patientin Übergewicht bekommen. Es ist für den Patienten / die Patientin daher wichtig, weniger Zucker und mehr Gemüse, Obst, Milch- und Getreideprodukte zu essen.

Lösung: ***Situation 3***

Der Patient / die Patientin isst viel zu viel Fleisch und trinkt zu wenig. Der Patient / die Patientin sollte mehr Obst, Gemüse, Milch- und Getreideprodukte essen, damit er / sie keinen Vitaminmangel bekommt und leistungsfähig bleibt. Fleisch enthält meist auch recht viel Fett. Hierdurch kann bei dem Patienten / der Patientin Übergewicht entstehen.

Station 5

Die Verdauungsorgane des Menschen

Name:

____

Aufgabe:

a) Lies den Informationstext zu Lage und Aussehen der Verdauungsorgane.

*Die Verdauung beginnt im **Mund**. Hier wird die Nahrung von den Zähnen zerkleinert und mit Speichel aus den **Speicheldrüsen** eingeweicht.*

*Nach dem Schlucken gelangt der Nahrungsbrei in die **Speiseröhre**. Die Speiseröhre endet am Mageneingang.*

*Der **Magen** sieht schlauch- bis halbmondförmig aus. Am Magenausgang befindet sich ein ringförmiger Muskel. Dieser Muskel heißt Pförtner. Er sorgt für einen portionsweisen Übergang des Nahrungsbreis in den Darm.*

*Der Darm ist in verschiedene Abschnitte gegliedert. Zunächst gelangt der Nahrungsbrei in den Zwölffingerdarm. Dies ist der erste Abschnitt des sechs Meter langen **Dünndarms**. Der Dünndarm liegt geschlossen im Bauchraum. Hier werden Nährstoffe in das Blut aufgenommen und in den ganzen Körper transportiert.*

*Unverdauliche Nahrungsreste gelangen in den **Dickdarm**. Er ist wesentlich kürzer als der Dünndarm. Hier wird dem Brei Wasser entzogen, und er wird als **Kot** durch den After ausgeschieden.*

b) Schneide die Verdauungsorgane aus und klebe sie an die richtige Stelle auf der Umrisszeichnung des Menschen.

c) Beschrifte die Verdauungsorgane.

d) Zeichne mit Pfeilen den Weg der Nahrung durch den Körper ein.

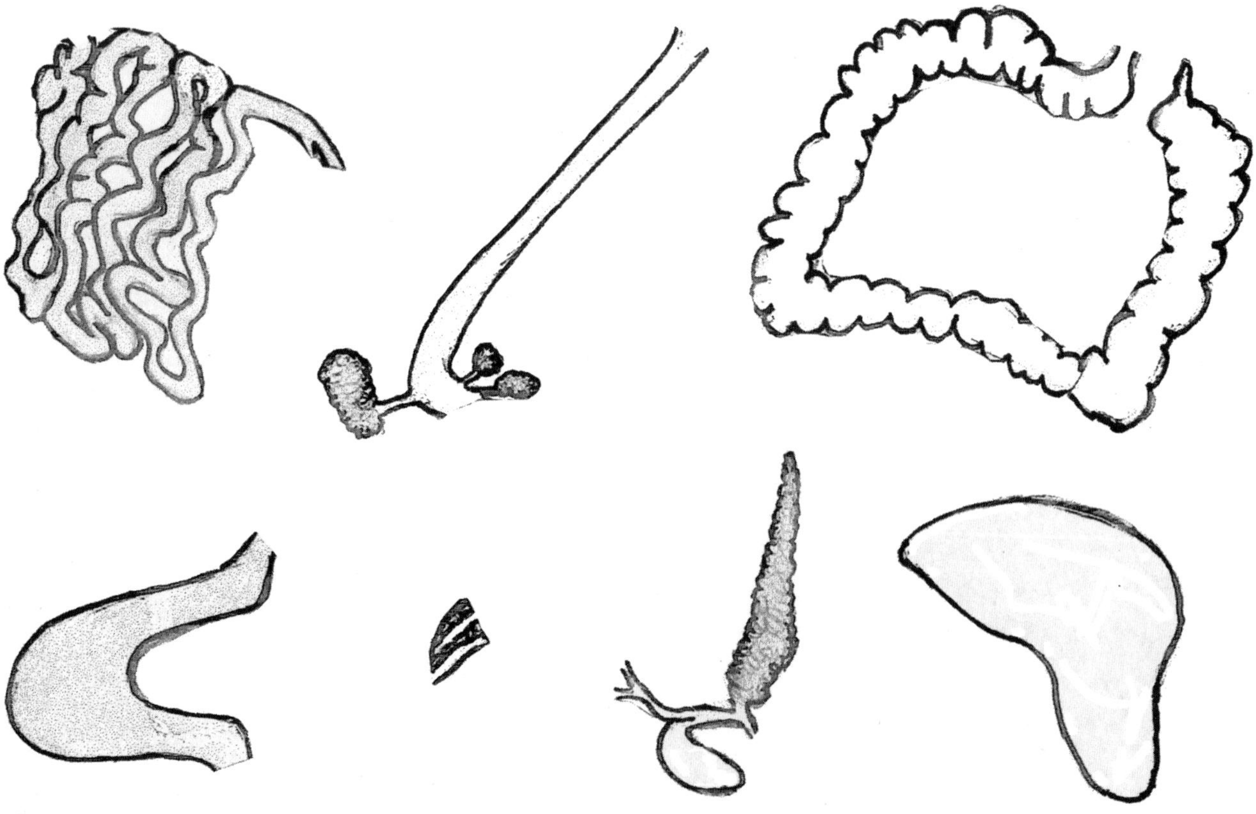

Station 5

Abbildung Mensch

Name:

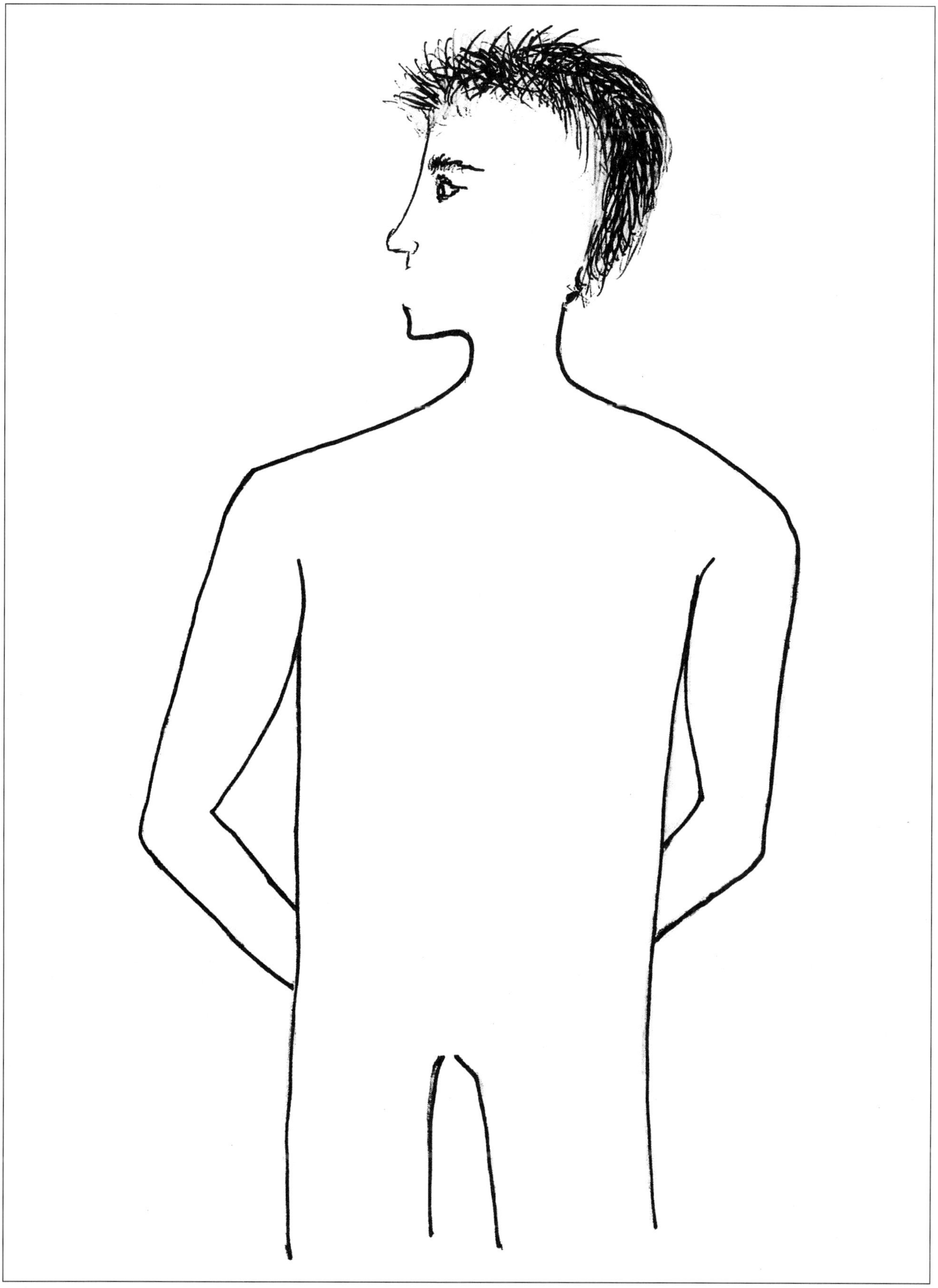

Funktion der Verdauungsorgane

Name: ____________________

Aufgabe 1:

Lies den Informationstext zur Funktion der Verdauungsorgane.

*Im Mund wird die Nahrung von den **Zähnen** zerkleinert und mit **Speichel** aus den **Speicheldrüsen** eingeweicht. Durch Enzyme in der Speichelflüssigkeit wird die in den Nahrungsmitteln enthaltene Stärke in kleinere Bausteine zerlegt, den Traubenzucker.*

*Die **Speiseröhre** befördert den Nahrungsbrei in den Magen. Im **Magen** wird der Nahrungsbrei durchgeknetet. Der salzsäurehaltige Magensaft bringt das Eiweiß zum Gerinnen.*

*Im **Dünndarm** werden Kohlenhydrate, Fette und Eiweiße durch Enzyme der Verdauungssäfte in ihre Bausteine zerlegt. Die **Bauchspeicheldrüse** und die **Leber** mit ihrer **Gallenblase** geben diese Verdauungssäfte in den Dünndarm ab. So können die kleinen Bausteine der Nährstoffe durch die Wand des Dünndarms in das Blut aufgenommen werden. Über die Blutbahn werden sie in den ganzen Körper transportiert.*

*Unverdauliche Nahrungsreste gelangen in den **Dickdarm**. Hier werden dem Brei Wasser und Salze entzogen, und er wird eingedickt als Kot durch den After ausgeschieden.*

Aufgabe 2:

Ordne den Verdauungsorganen die richtige Aufgabe zu, indem du Verbindungslinien vom jeweiligen Verdauungsorgan zu seiner Aufgabe ziehst.

Verdauungsorgan:	**Aufgabe des Verdauungsorgans:**
Zähne	den Nahrungsbrei in den Magen befördern
Speicheldrüse mit Speichel	Wasser und Salze aus dem Brei ziehen
Speiseröhre	Nahrungsbrei kneten, Eiweiß gerinnt
Magen	Nahrung zerkleinern
Bauchspeicheldrüse und Leber mit Gallenblase	Kohlenhydrate, Fette und Eiweiße in ihre Bausteine zerlegen
Dünndarm	Stärke in Traubenzucker zerlegen
Dickdarm	Verdauungssäfte abgeben

Station 7

Warum soll ich essen?

Name: ____________________

Aufgabe 1:

Lies den Informationstext zu den Nahrungsbestandteilen.

Damit dein Körper wächst und deine Muskeln dich bewegen können, braucht dein Körper Baustoffe und Brennstoffe (= Betriebsstoffe).

Um wachsen zu können, benötigst du den wichtigen Baustoff ***Eiweiß****. Dein Körper kann ohne Eiweiß keine Knochen, Muskeln, Nerven und Bindegewebe aufbauen. Besonders viel Eiweiß ist in Milchprodukten, Eiern, Fisch und Fleisch enthalten.*

Brenn- und Betriebsstoffe brauchst du, um dich bewegen zu können und damit dir warm bleibt. Diese Brenn- und Betriebsstoffe sind in ***Fetten*** *und* ***Kohlenhydraten*** *enthalten. Besonders viel Fett ist in Butter, Öl, Käse und Nüssen enthalten. Stärke und Zucker sind Kohlenhydrate. Stärke ist besonders viel in Kartoffeln und Getreide enthalten.*

Zur Förderung deiner Verdauung sind ***Ballaststoffe*** *wichtig. Sie quellen im Darm auf und fördern den Abtransport unverdaulicher Reste. Sie sind in Getreide und Gemüse enthalten.*

Lebensnotwichtig sind für dich aber auch ***Vitamine*** *und* ***Mineralstoffe****. Wenn dir Vitamine fehlen, kommt es zu Leistungsabfall und Krankheiten. Daher ist es wichtig, täglich Obst und Gemüse zu essen.*

Aufgabe 2:

Ordne den Nahrungsbestandteilen ihre Aufgaben zu, indem du Verbindungslinien zu ihren jeweiligen Aufgaben ziehst.

Nahrungsbestandteil:

- Fette
- Kohlenhydrate
- Eiweiße
- Ballaststoffe
- Vitamine und Mineralstoffe

Aufgabe:

- Wachstum und Aufbau des Körpers (z. B. Knochen, Muskeln, Nerven und Bindegewebe)
- Bereitstellung von Energie für Körperwärme und Bewegung
- Schutz vor Krankheiten und Leistungsabfall
- Abtransport unverdaulicher Reste

Station 8

Versuch: Funktion der Speiseröhre

Name: ______________

Frage:

Wie gelangt der Nahrungsbrei in den Magen?
Um die Frage zu klären, mache einen Hand- oder Kopfstand und versuche einen Bissen Brot „hochzuschlucken". Schaffst du es? Hast du eine Vermutung, wie der Nahrungsbrei in den Magen gelangt?

____

____

Material:

Brot, langer Strumpf, Ball

Information:

Nach dem Schlucken wird der Nahrungsbrei sogar bei einem Handstand durch die Speiseröhre in den Magen transportiert. Er wird aktiv durch Muskeln transportiert. Anhand des folgenden Versuchs sollt ihr das Prinzip nachvollziehen.

Durchführung:

Der Strumpf ist ein Modell für die Speiseröhre, der Ball ein Modell für den Nahrungsbrei. Versucht, den Ball durch den Strumpf zu befördern. Bildet dafür mit euren Fingern einen engen Ring, der die kreisförmige Lage der Muskeln in der Speiseröhre darstellt. Was könnt ihr beobachten?

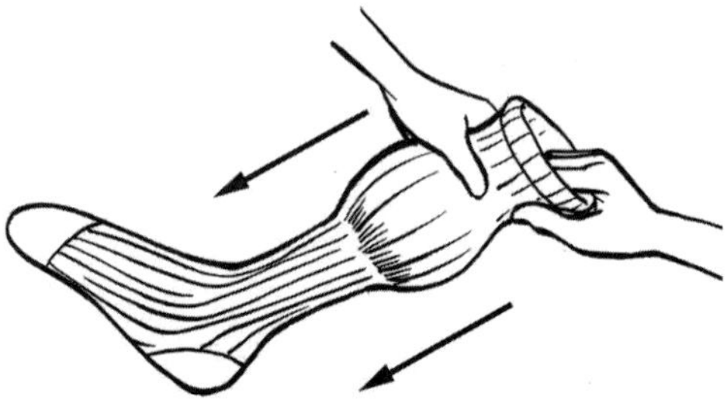

Beobachtung:

____

____

____

Ergebnis:

Ergänze folgende Wörter: *ziehen – wellenförmig – Muskeln – sich*

Der Nahrungsbrei gelangt durch die Speiseröhre mithilfe von ______________ in den Magen.

Diese __________ __________ in regelmäßigen Abständen zusammen . Dadurch wird der

Nahrungsbrei ____________________ in den Magen gedrückt.

Selbstbeobachtung: Meine Ernährungsgewohnheiten

Name: ______________________

Aufgabe:

Lies die Sätze unten im „Ernährungsstern". Markiere dann auf der Achse den Punkt farbig, der auf dich zutrifft.

- ◇ bedeutet „selten bis nie"
- ◎ bedeutet „ab und zu"
- ✥ bedeutet „oft"
- ☆ bedeutet „meistens"

Verbinde anschließend die Punkte untereinander und vergleiche mit der Auswertung in den Lösungen. Was trifft auf dich zu? Was kannst du an deinen Gewohnheiten ändern?

____

____

____

Ernährungsstern:

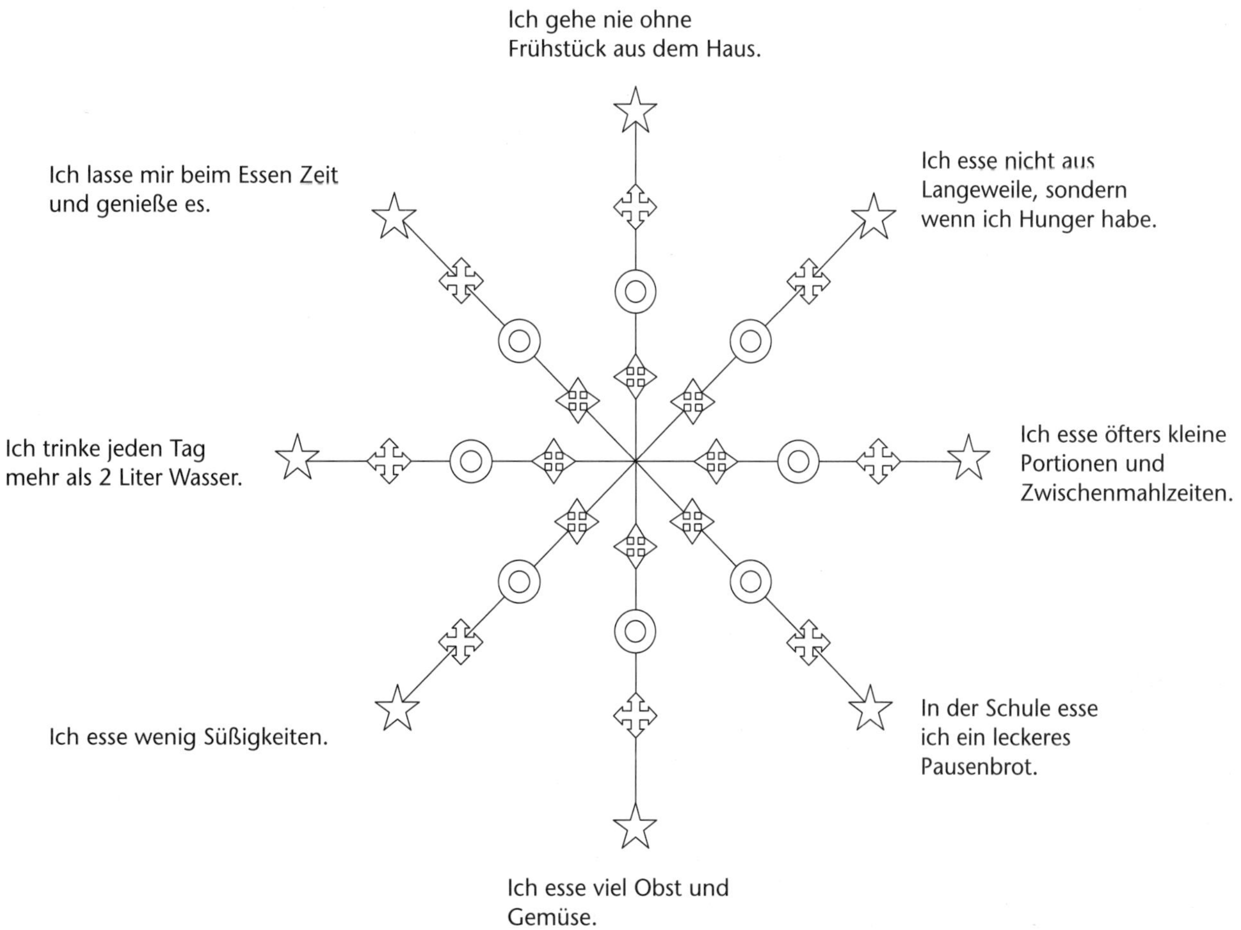

Name: ____________

Die Zuckerdetektive

Aufgabe 1:

Lies den Informationstext zum Thema „Zucker in Lebensmitteln".

*In vielen Nahrungsmitteln ist **Zucker** versteckt.*

100 g Vollmilchschokolade enthalten ca. 56 g Zucker.
100 g Gummibärchen enthalten ca. 78 g Zucker.
100 g Müsliriegel enthalten ca. 40 g Zucker.

*Zucker muss laut Gesetz in der **Zutatenliste** auf Lebensmitteln angegeben sein. Was auf der Zutatenliste **zuerst genannt** wird, ist in dem Lebensmittel **am meisten** enthalten. Zucker macht häufig den größten Gewichtsanteil aus und müsste deswegen am Anfang der Zutatenliste auf dem Etikett stehen. Aber die Hersteller wenden einen **Trick** an: Sie schreiben die Namen verschiedener **Zuckersorten** in die Liste. Deshalb findet ihr auf der Zutatenliste häufig Fremdwörter für Zucker: Saccharose, Glukose, Dextrose, Fructose, Maltose und Laktose.*

Aufgabe 2:

a) Sieh dir die Zutatenliste der bereitliegenden Gummibärchen, Schokolade und Müsliriegel an. Was enthalten die Produkte? Schreibe die Zutatenliste in die Tabelle.

b) Im Informationstext hast du gelesen, wie viel Zucker 100 g Vollmilchschokolade, Gummibärchen oder Müsliriegel enthalten. Berechne, wie vielen Stück Würfelzucker diese Menge entspricht (ein Würfelzucker wiegt ca. 3 g) und trage die Anzahl der Würfelzucker in die rechte Spalte der Tabelle ein.

	Zutaten	Stück Würfelzucker
100 g Gummibärchen	____________ ____________ ____________	______
100 g Vollmilchschokolade	____________ ____________ ____________	______
100 g Müsliriegel	____________ ____________ ____________	______

Station 11

Mein Lieblingsessen

Aufgabe:

a) Stelle dir aus den aufgezeichneten Zutaten auf diesem Blatt und dem Blatt „Nahrungsmittel" deine Nahrung für einen Tag zusammen, indem du die Nahrungsmittel ausschneidest und auf das Blatt „Mein Speiseplan" zu den entsprechenden Mahlzeiten klebst.

b) Schreibe dein Lieblingsrezept auf ein Extrablatt für deine Klassenkameraden auf. Hängt dann eure Lieblingsrezepte im Klassenraum auf.

Station 11

Nahrungsmittel

Ernährung

Station 11

Mein Speiseplan

Name: ______________________

Mein Frühstück	
Mein Pausenbrot	
Mein Mittagessen	
Meine Zwischenmahlzeit	
Mein Abendessen	

Station 1

Erkunde die Farben des Waldes

Name: ______________________

Frage:

Welche Farben kannst du im Wald finden?

____

Material:

Pro Person: ein DIN-A4-Karton mit 16 Löchern versehen oder Eierkartons mit Löchern.
Zusätzlich für die ganze Klasse: ein Tischtuch, ein Bestimmungsbuch, einige Papierkärtchen (ca. 2 × 7 cm groß), vier Bleistifte

Durchführung:

Du bist der Farbdetektiv.

- **Finde** möglichst viele verschiedenfarbige Pflanzen und Gegenstände aus dem Wald.
- **Stecke** sie in die Löcher des Kartons (vgl. Abbildung unten).
- **Sortiere** mit deinem Partner das, was du gefunden hast, nach Farben geordnet auf einem Tischtuch.

Zusatzaufgabe für Experten:

- **Suche** im Bestimmungsbuch nach den Namen von drei gefundenen Pflanzen.
(Tipp: Das Buch ist nach den Farben der Pflanzen sortiert.)
Schreibe diese auf ein Kärtchen und lege es zu den Pflanzen.
- **Schreibe** die Namen zusätzlich hier auf:

____

____

Ergebnis:

Folgende Farben kann man im Wald finden:

____

____

Station 1

Pflanzenmemory

Aufgabe:

Spielt das Spiel Pflanzenmemory. Was ihr dafür braucht und wie das geht, findet ihr im Folgenden beschrieben.

Material:

Je zwei gleiche Blüten, Blätter, Früchte oder andere natürliche Gegenstände aus dem Wald, die ihr für Station 1 gefunden habt. Dazu 20 Kartons (z. B. DIN A5) oder Teller aus Pappe, eine Tischdecke.

Durchführung:

- **Suche** aus den gefundenen Pflanzen zwei gleiche und lege sie an unterschiedliche Stellen auf das Tischtuch.
- **Decke** sie mit je einem Pappkarton zu.
- **Suche** so weitere neun Paare aus, verteile sie ebenfalls auf dem Tuch und decke sie ab.
- **Spiele** Memory:

  (Für die, die es nicht kennen:
  - Wähle beliebig eine Pappe und **decke** sie auf. Wo liegt die zweite Pflanze, die so aussieht, versteckt?
  - **Drehe** die Pappe **um**, von der du denkst, dass sie die zweite Pflanze verdeckt. Hast du die gleiche Pflanze gefunden?
  - **Nimm** dir die entsprechenden zwei Pflanzen, wenn du richtig geraten hast.
  - **Überlege**, ob du den Pflanzennamen weißt. Wenn du ihn weißt, bekommst du einen Punkt.
  - **Wechsle**, der nächste Spieler darf raten.

Das Spiel ist beendet, wenn ihr alle Paare gefunden habt und eure Punkte gezählt habt.

Viel Spaß beim Spiel!

Station 2

Name: ______________________

Der Waldboden

Frage:

Wisst ihr, was mit den Blättern geschieht, die im Herbst jeden Tag fallen? Wo gehen sie hin? Notiert eure Vermutung:

____

____

Material:

Vier DIN-A4-Einsteckfolien aus Plastik, die je einen weißen DIN-A4-Bogen enthalten, dazu Bleistift, Lupe, Tischdecke

Durchführung:

Untersucht den Waldboden. Ihr seid die Detektive.

- **Findet** im Wald Blätter, die von den Bäumen gefallen sind und sich in unterschiedlichstem Zerfallsstadium befinden.
- **Sortiert:**
  - Ganze, unbeschädigte Blätter zu Folie 1,
  - etwas angeknabberte Blätter zu Folie 2,
  - angefressene, leicht durchsichtige zu Folie 3,
  - Blätter, die fast nur noch aus dem Adergerippe bestehen, zu Folie 4.
- **Benutzt** dabei auch die Lupe.
- **Steckt** die Blätter in die Folien.
- **Beschriftet** den Papierhintergrund je nach Zustand der Blätter (z. B. „unbeschädigte Blätter").
- **Stellt** die Folien **aus**, indem ihr sie auf die Tischdecke legt.

Ergebnis:

Besprecht das Ergebnis zusammen. Notiert hier eure Ergebnisse:

____

____

____

Station 2

Name: ______________________

Zusatzaufgabe

Frage:

Findet ihr im Waldboden unterschiedliche Schichten? Was vermutet ihr?

____

____

Material:

Vier DIN-A4-Plastikfolien, die je einen weißen DIN-A4-Bogen enthalten, kleine Schaufel, Tischtuch

Durchführung:

- **Grabt** ein Loch in den Laubwaldboden.
- **Fühlt** und **seht** ihr verschiedene Schichten?
- **Gebt** von jedem Teil ein wenig in je eine Plastikfolie. **Sortiert** dabei folgendermaßen und beginnt bei der obersten Schicht:
  - zersetztes Laub in Folie 1,
  - zerbröselte Erde mit Pflanzenteilen in Folie 2,
  - lockere Erde (Humus) in Folie 3,
  - sandige Erde in Folie 4.
- **Beschriftet** den Papierhintergrund der Folien.

Ergebnis:

Besprecht das Ergebnis zusammen. Notiert hier eure Ergebnisse:

____

____

____

____

____

Die Baumdetektive

Frage:

Welche Blätter gehören zu welchem Baum?

Material:

12 DIN-A4-Einsteckfolien aus Plastik, die je einen weißen DIN-A4-Bogen enthalten, Bleistift, Tüte oder Tasche, die zwei Bestimmungsbögen zu dieser Station („Bestimmungsbogen ohne Baumnamen“ und „Bestimmungsbogen mit Baumnamen“)

Durchführung:

- **Sammelt** Blätter von den verschiedensten Bäumen und zwar mindestens drei Blätter pro Baum.
- **Steckt** je drei gleiche Blätter in eine Klarsichtfolie.
- **Schreibt** den Baumnamen zu dem entsprechenden Blatt auf den Papierbogen in der Klarsichthülle (der Bestimmungsbogen mit den Namen der Baumarten kann helfen).
- **Legt** die unterschiedlichen Folien mit den verschiedenen Baumnamen am Treffpunkt aus.
- **Kontrolliert** zu zweit, ob ihr die Namen richtig zugeordnet habt.

Aufgabe:

Beschriftet den Bestimmungsbogen ohne Baumnamen mit den richtigen Bezeichnungen der Bäume.

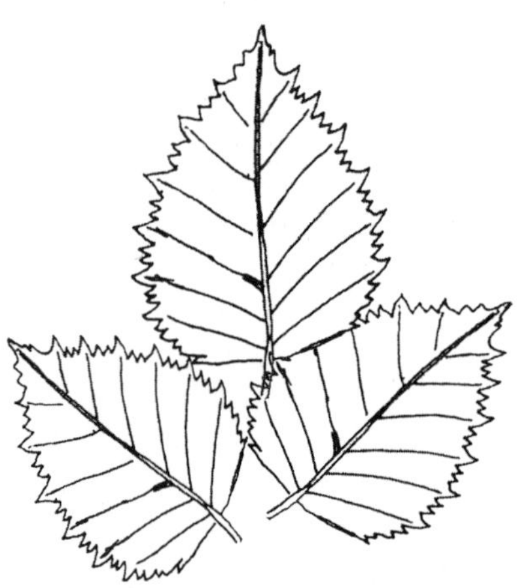

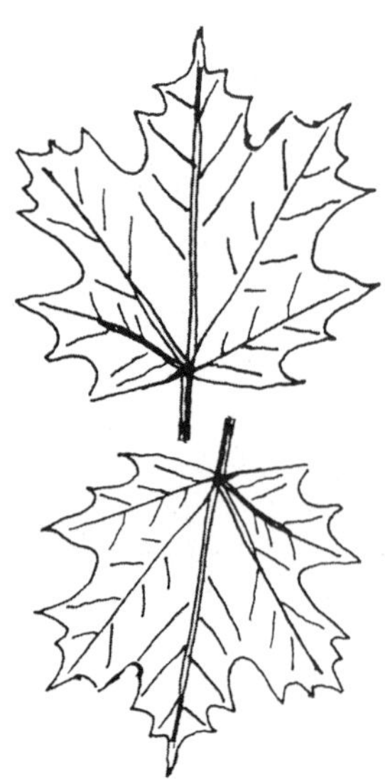

Station 3

Bestimmungsbogen ohne Baumnamen

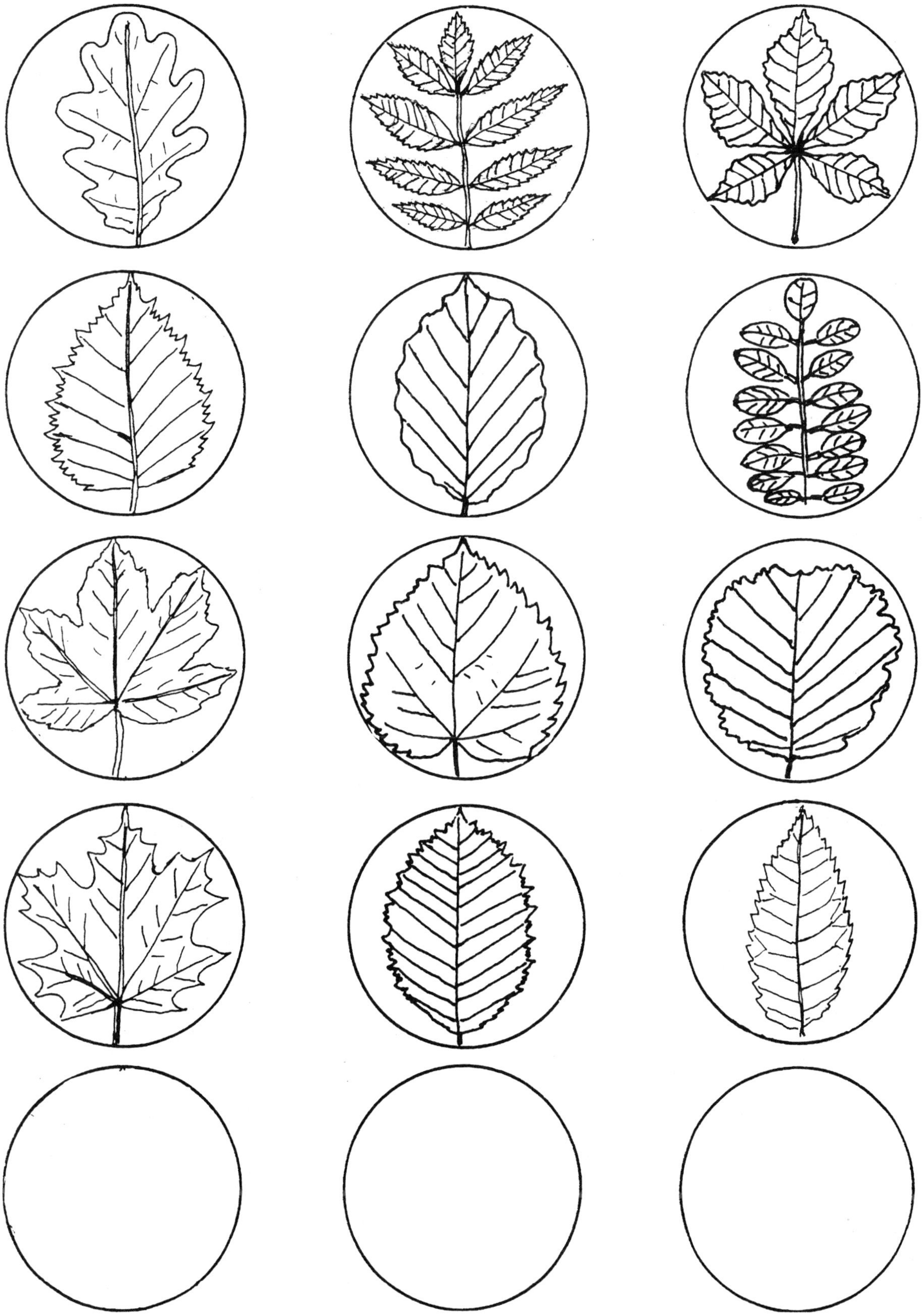

Station 3

Bestimmungsbogen mit Baumnamen

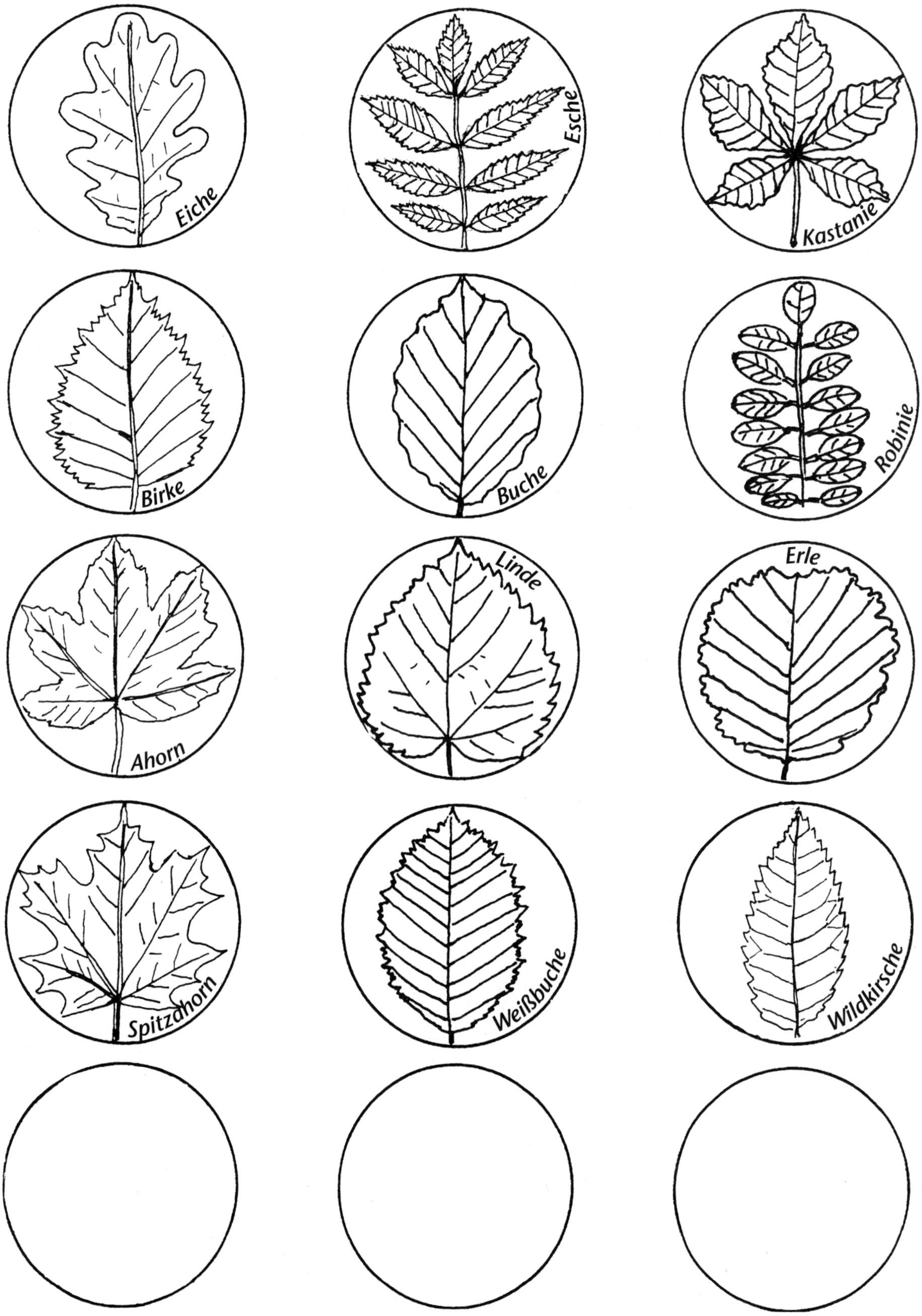

Blattmemory

Zusatzaufgabe

Aufgabe:

Spielt das Spiel Blattmemory. Was ihr dafür braucht und wie das geht, findet ihr im Folgenden beschrieben.

Material:

24 vorher gesuchte Blätter, wobei immer zwei von derselben Baumart stammen (oder je zwei der ausgeschnittenen Blätter der Bestimmungsbögen), evtl. Schere zum Ausschneiden, 24 Pappteller oder Kartonstücke, Tischtuch

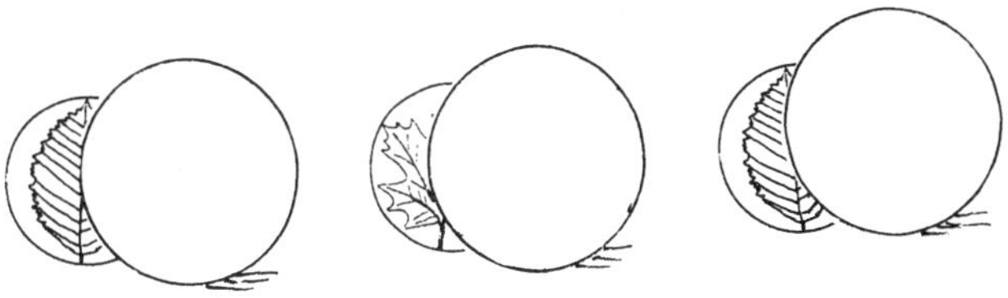

Durchführung:

- **Sucht** je zwei Blätter vom gleichen Baum aus den Folien heraus (oder schneidet die gezeichneten Blätter der zwei Bestimmungsbögen aus, wenn ihr nicht genügend echte Blätter habt).
- **Legt** sie auf das Tischtuch an unterschiedliche Stellen.
- **Überdeckt** alle Blätter mit Papiertellern.
- **Übt** euch im Erinnern, indem ihr versucht, durch richtiges Aufdecken die zwei gleichen zu finden. Wart ihr erfolgreich, legt sie an euren Platz.
- **Wechselt** nach jedem Aufdecken.

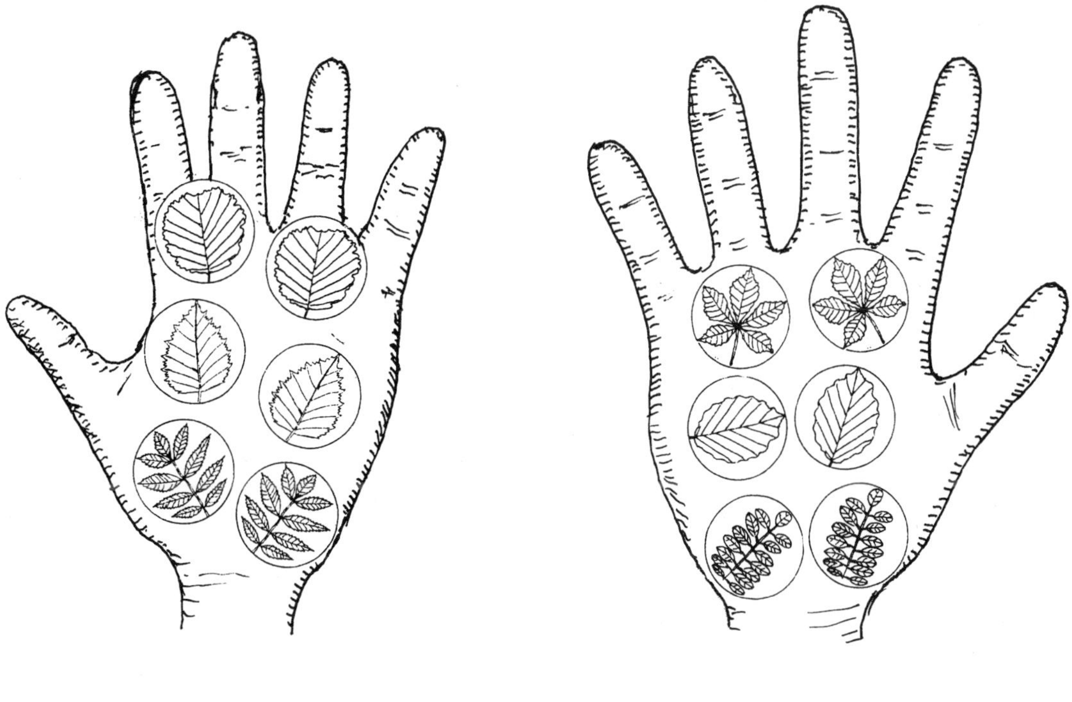

Station 4

Was krabbelt da?

Name: ____________________

Aufgabe:

Findet die Tiere, die man Zersetzer (Destruenten) nennt.

Material:

Marmeladenglas mit Löchern oder Schnappdeckelglas, Lupe, Stift, die Bestimmungsbögen zu dieser Station, zwei weiße DIN-A4-Bögen

Durchführung:

- **Sucht** kleinste Tierchen unter alten, feuchten Blättern und an totem Holz.
- **Seht** auch unter alter Rinde, alten Baumstümpfen, feuchten, umgefallenen Stämmen und Ästen nach und **grabt** in der Nähe von Wurzeln eines Baumes im Boden.
- **Gebt** eine Portion der gefundenen Laubspreu in ein Marmeladenglas.
- **Entnehmt** einen Teil und breitet ihn vorsichtig auf einem DIN-A4-Blatt aus. Findet ihr Tierchen darin?
- **Untersucht** das Gefundene mit der Lupe.
- **Bestimmt** die Tierchen nach einem einfachen Bestimmungsschlüssel mithilfe des Arbeitsblattes „Bestimmungsschlüssel".
- **Vergleicht** das Gefundene auch mit dem Bestimmungsbogen.
- **Schreibt** auf, welche Tiere ihr gefunden habt:

____

____

____

____

- **Beschreibt** auch die Lebewesen, die ihr nicht bestimmen könnt: z. B. „Tiere ohne Beine, länglich"; „Tiere mit vier Beinen" usw.

____

____

____

Ergebnis (bitte kreuzt an): Ich habe die Arbeit der Zersetzer an

☐ einem Stamm ☐ einem Blatt ☐ einem Baumstumpf ☐ einer Rinde

festgestellt.

Bestimmungsschlüssel

Hat das Tier Beine?

ja

- Hat es 3 Paar Beine?
  - ja ▶ Insekten

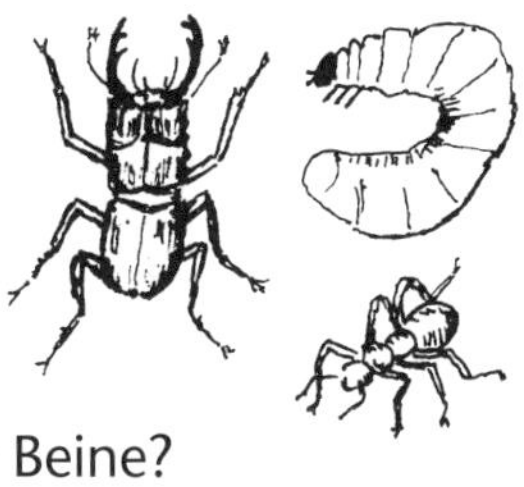

  - nein
- Hat es 4 Paar Beine?
  - ja ▶ Spinnen

  - nein
- Hat es 7 Paar Beine?
  - ja ▶ Assel (Krebstier)

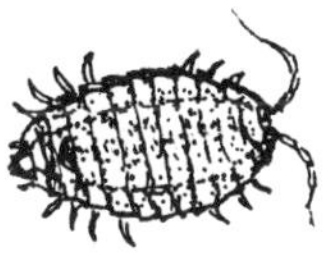

  - nein
- Hat es an jedem Körperabschnitt 1 Paar Beine?
  - ja ▶ Hundertfüßer

  - nein
- Hat es an jedem Körperabschnitt 2 Paar Beine?
  - ja ▶ Doppelfüßer

nein

- Hat es Fühler?
  - ja ▶ Schnecken

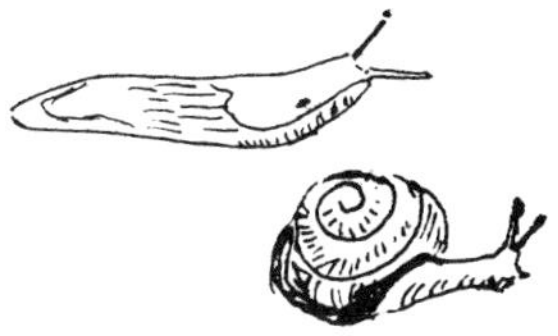

  - nein
- Ist es wurmförmig?
  - ja
- Hat es einzelne Abschnitte?
  - nein ▶ Fadenwurm

  - ja
- Hat es weniger als 15 Leibesringe?
  - ja ▶ Fliegenlarve

  - nein
- Ist es kleiner als 4 cm und weißlichgelb?
  - ja ▶ Ringelwurm

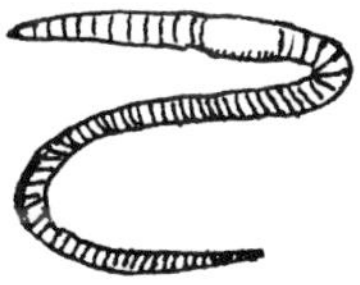

  - nein
- Regenwurm

nach Brohmer/Schaefer: Fauna von Deutschland: Ein Bestimmungsbuch unserer heimischen Tierwelt. Quelle & Meyer Verlag, 1992.

Bestimmungsbogen ohne Namen

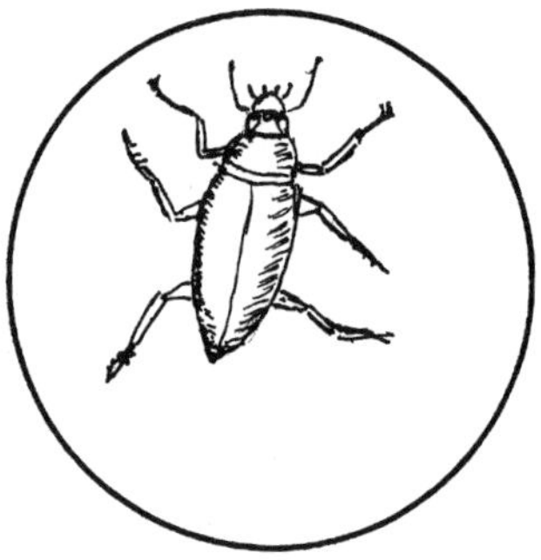
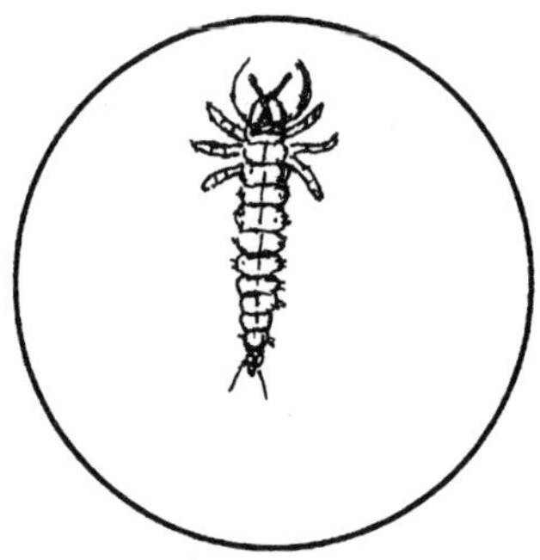
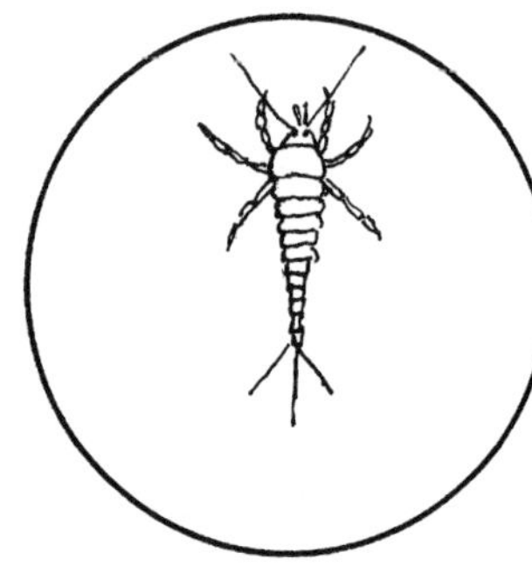

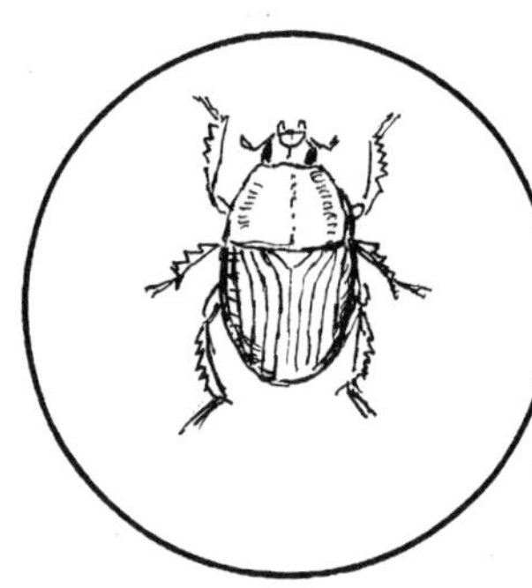

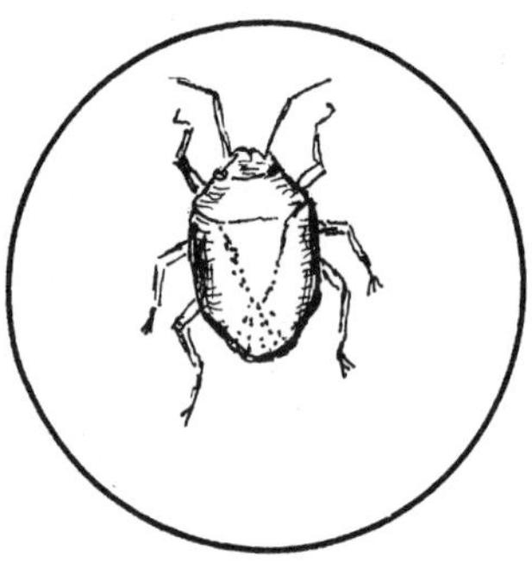
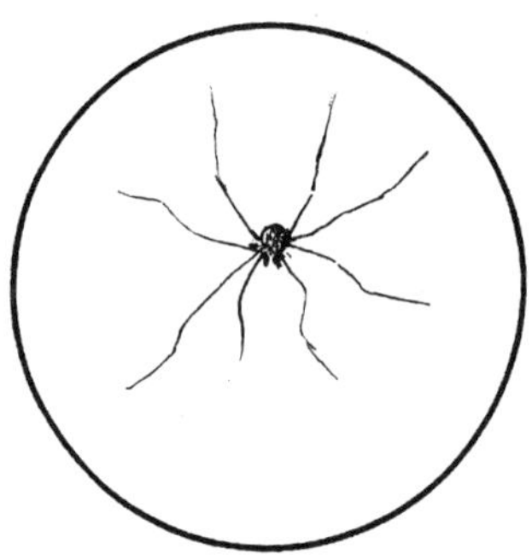
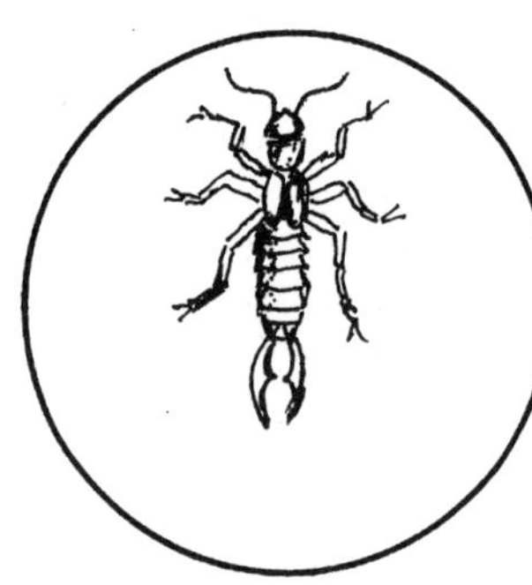

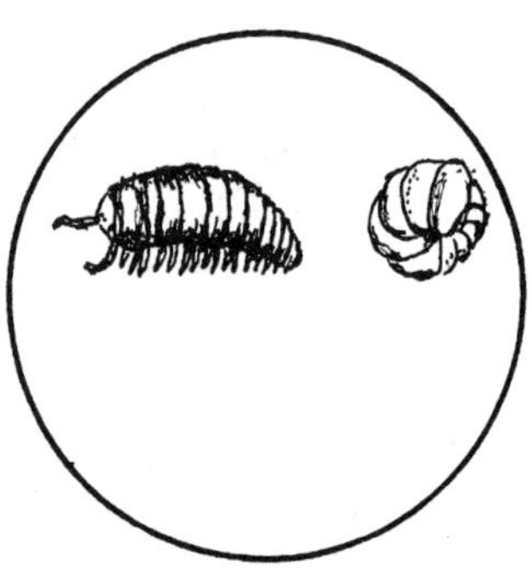
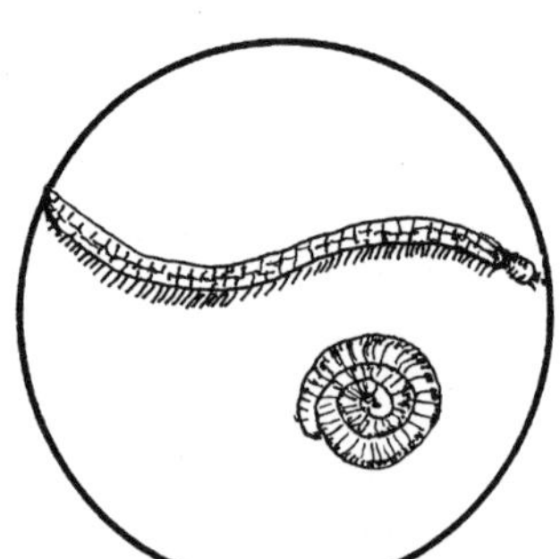
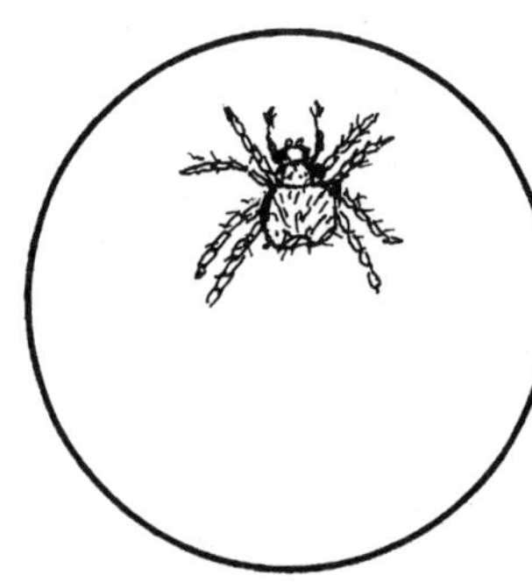

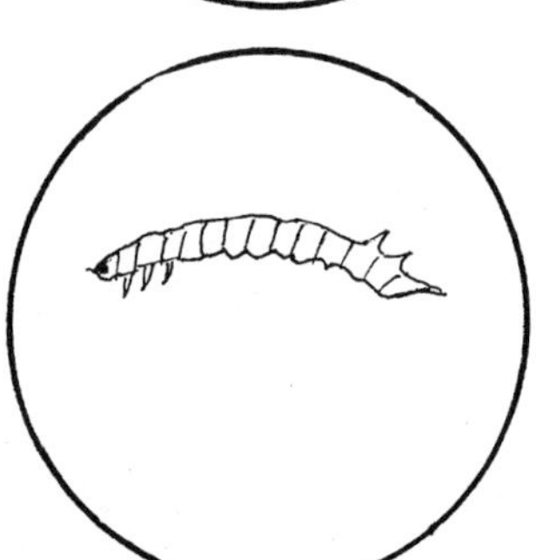
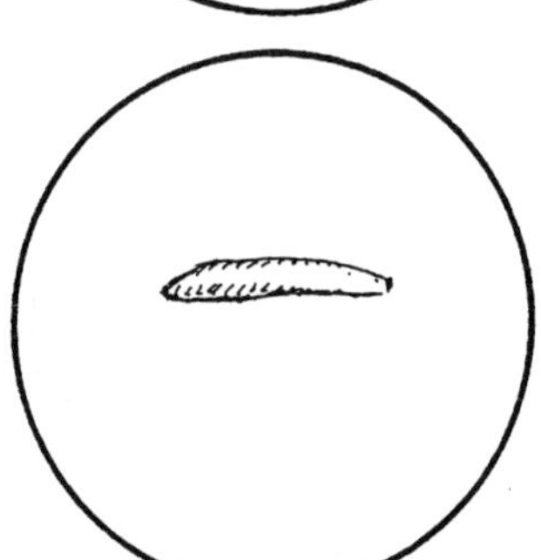
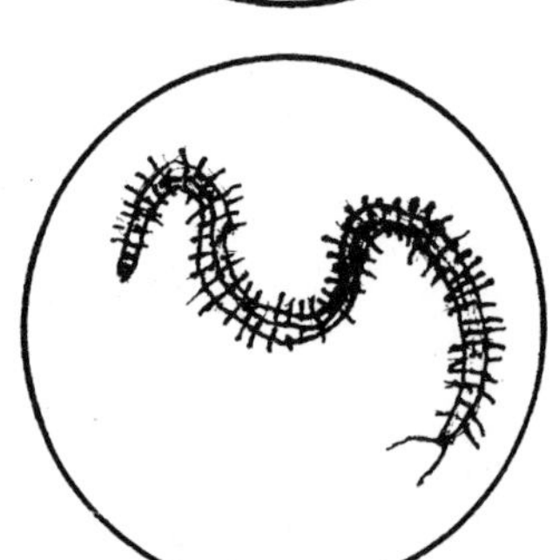

Bestimmungsbogen mit Namen

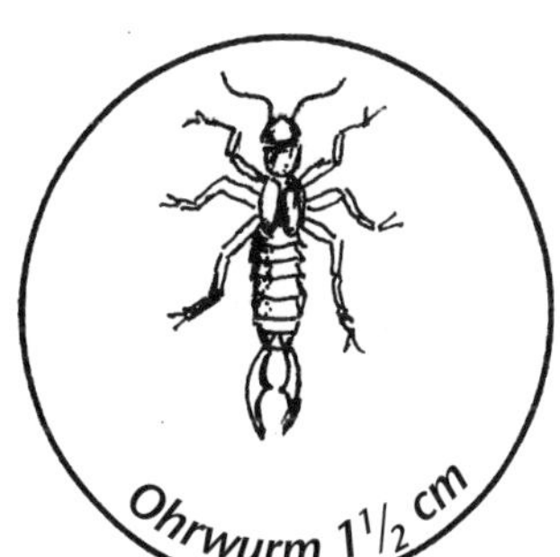

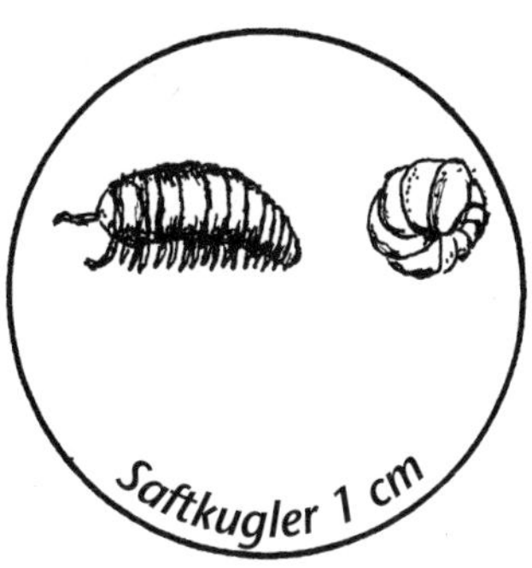

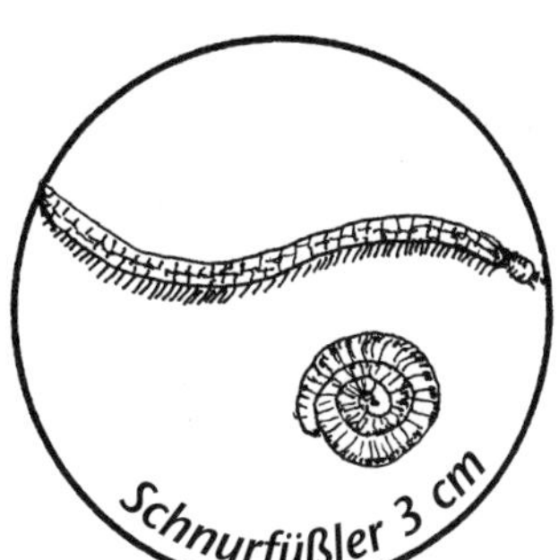

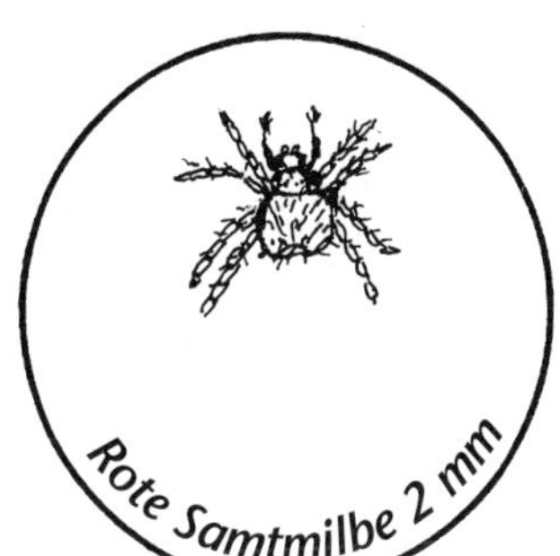

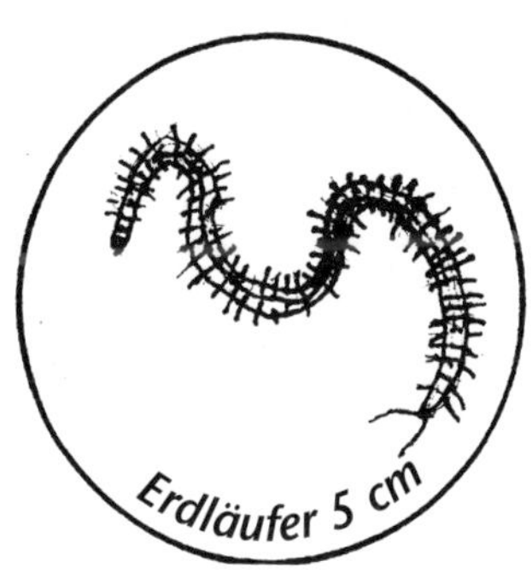

Station 5

Die Stockwerke des Waldes

Aufgabe:

Finde die verschiedenen Schichten des Waldes und einige ihrer Pflanzenvertreter.
Als Ort hierfür sind der Waldrand oder eine Lichtung geeignet.

Material:

Vier Wäscheleinen, acht Wäscheklammern, vier DIN-A4-Einsteckfolien aus Plastik, die je einen weißen DIN-A4-Bogen enthalten, Bleistift und Wachsmalstift sowie die beiden Arbeitsblätter zu dieser Station.

Durchführung:

- **Beobachte** und überlege: Sind hier im Wald alle Pflanzen gleich groß?
- **Untersuche,** welche Schichten du feststellen kannst: Siehst du Pflanzen, die ganz unten zu finden sind? Gibt es welche, die etwas höher hinaufwachsen? Entdeckst du noch höhere und ganz hohe Pflanzen? Nach dem Aufbau, wie sich die Pflanzen verteilen, kann man den Wald in vier Schichten einteilen: *Baumschicht, Strauchschicht, Krautschicht* und *Moosschicht.*
- **Sammle** jeweils vier unterschiedliche Vertreter der genannten vier Schichten.
- **Stecke** die Blätter, Zweige oder Rinde in die Klarsichtfolien. (Von der Rinde kannst du einen Rubbelabdruck mit Wachsmalstift machen, indem du ein weißes Blatt auf die Rinde legst und sie dann mit dem Wachsmalstift abrubbelst.)
- **Beschrifte** die Pflanzen der Schichten auf den DIN-A4-Bögen in den Klarsichtfolien.
- **Spanne** am Ausgangspunkt vier Wäscheleinen zwischen zwei Bäume in verschiedenen Höhen.
- **Hänge** die Vertreter der einzelnen Schichten an den richtigen Platz auf die Wäscheleine und **besprich** dies mit deinem Partner.

Ergebnis:

Stelle deine Pflanzen vor.

Kannst du auch die folgenden Arbeitsblätter lösen?

Station 5

Name:

Schichten und ihre Pflanzen

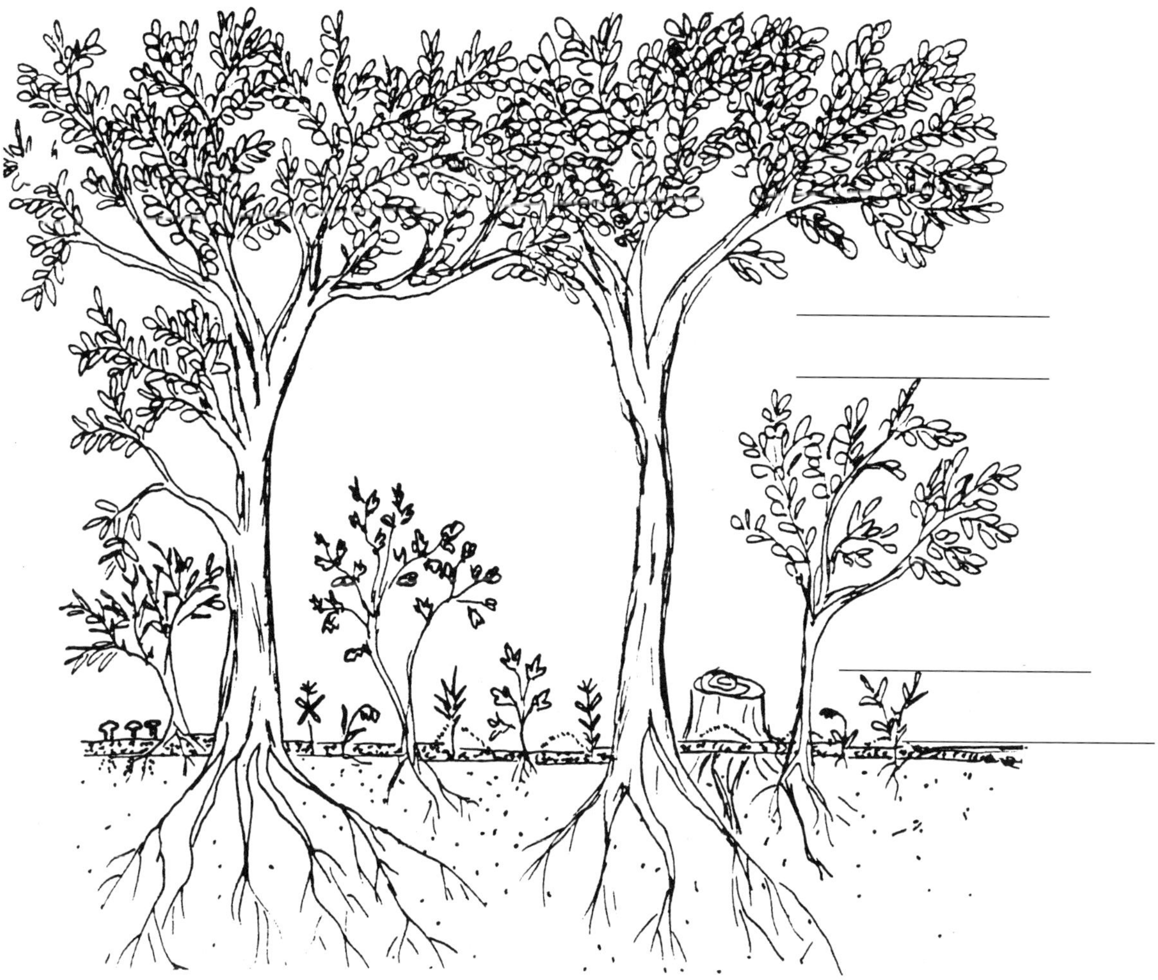

Nachdem du den Aufbau des Waldes kennengelernt hast, kannst du ihn in Stockwerke einteilen.

Aufgabe 1:

- Kennzeichne die Stockwerke des Waldes.
- Schreibe den Namen der jeweiligen Schicht auf die Linie in der Zeichnung oben. A Baumschicht, B Strauchschicht, C Krautschicht, D Moosschicht

Aufgabe 2:

Überlege, zu welcher Schicht die folgenden Pflanzen gehören. Notiere den entsprechenden Buchstaben aus Aufgabe 1 (z.B. C Hahnenfuß).

_____ Hahnenfuß	_____ Eiche
_____ Anemone	_____ Buche
_____ Springkraut	_____ Linde
_____ Sternmoos	_____ Haselnuss
_____ Steinpilz	_____ Holunder

Name: ____________________

Schichten und ihre Tiere

Aufgabe 1:

Ordne die Namen den Tieren zu, indem du die entsprechenden Zahlen neben die Tiernamen schreibst.

- ( ) Dachs
- ( ) Eichhörnchen
- ( ) Habicht
- ( ) Buntspecht
- ( ) Ohrwurm
- ( ) Fuchs
- ( ) Schmetterling
- ( ) Maus
- ( ) Kohlmeise
- ( ) Eichelhäher
- ( ) Hummel
- ( ) Wildschwein
- ( ) Uhu
- ( ) Igel
- ( ) Marder
- ( ) Schnecke
- ( ) Regenwurm
- ( ) Reh
- ( ) Rotkehlchen
- ( ) Raupe

Aufgabe 2:

In welchem Bereich des Waldes leben die Tiere? Trage die zu den Tieren gehörenden Zahlen aus der Abbildung oben in die Kreise auf dem Bild unten ein. Schreibe dann die Schichten des Waldes auf die mit A, B, C, D beschrifteten Linien.

Station 6

Wie hoch ist mein Lieblingsbaum?

Name: ____________________

Aufgabe:

Bestimme die Höhe deines Lieblingsbaumes mit einfachen Hilfsmitteln.

Wie hoch könnte er deiner Meinung nach sein? Schätze zuerst. ▶ ______ Meter

Material:

Ein gerader, armlanger Stock, der etwas länger als dein Arm ist.

Durchführung:

- **Gehe** so viele Schritte vom Baum zurück, wie du seine Höhe in Metern vermutest.
- **Halte** den Stock senkrecht mit ausgestrecktem Arm in Augenhöhe (vgl. Abbildung). Fasse den Stock so an, dass das Stück über deiner Hand genau so lang ist wie der Abstand zwischen deiner Hand und deinem Auge.
- **Visiere** weiter deine Hand mit dem Stock an. Gehe so lange mit ausgestrecktem Arm und senkrecht gehaltenem Stock vor oder zurück, bis das obere Ende des Stockes mit der Spitze des Baumes zusammenfällt.
- **Zähle** nun von dieser Stelle aus deine Schritte bis zum Baum (1 Schritt soll 1 Meter lang sein). Rechne deine Körpergröße in Metern (bis zu den Augen) zur Entfernung hinzu. Du hast nun die Höhe des Baumes bestimmt.

Ergebnis:

Mein Baum ist

__________ Meter hoch.

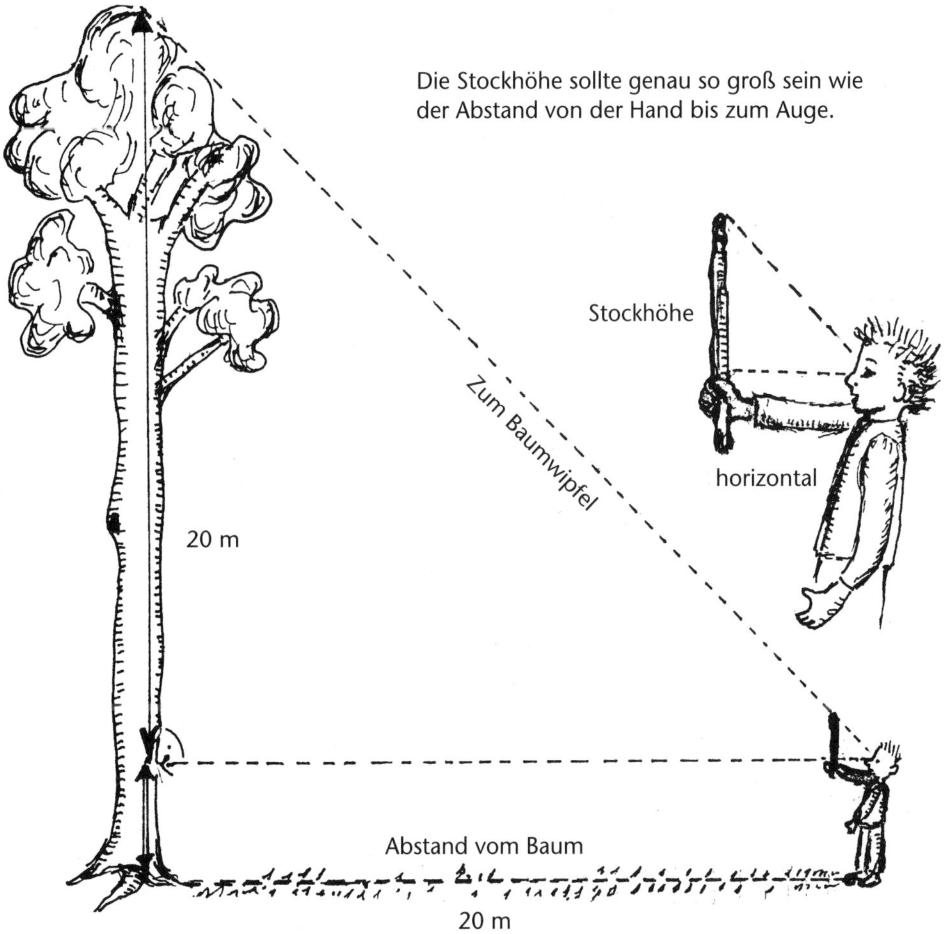

Ökosystem Wald

Auf Spurensuche

Name: ____________________

Aufgabe:

Erkunde den Waldboden und sammle besondere Dinge oder Pflanzen, wie auf den Kärtchen mit den Suchaufträgen angegeben.

Material:

Taschen oder Tüten, ein Tuch, das Arbeitsblatt mit Kärtchen zu dieser Station, Schere, Stift

Durchführung:

- **Sammle** nach Anweisung des Arbeitsblattes „Suchaufträge" verschiedene, besondere Dinge vom Waldboden.
- **Komme zurück** und breite alles auf dem Tuch aus.
- **Schneide** die zu den jeweiligen Pflanzen oder Gegenständen gehörenden Kärtchen auf dem Arbeitsblatt aus.
- **Lege** die passenden Kärtchen zu den gefundenen Sachen dazu.

Ergebnis:

Was hast du gefunden? Vergleiche mit deinen Partnern.

- natürliche Sachen:

____

____

- verrottete Sachen:

____

____

- von Menschen hinterlassene Sachen:

____

____

____

Station 7

Suchaufträge

etwas Glattes	etwas Geheimnisvolles	etwas mit einem Loch	etwas Lustiges
etwas, was eine Geschichte erzählen kann	etwas von Menschen Hinterlassenes	etwas Gerades	etwas Weißes
etwas Braunes	etwas Grünes	etwas Stachliges	etwas, was gut riecht
etwas Hartes	etwas Rundes	etwas Weiches	etwas Großes
etwas Bogenförmiges	etwas Spitzes	etwas Verdorrtes	etwas Y-förmiges, Gabelförmiges
etwas Gewundenes	etwas Angeknabbertes	etwas Knorriges	etwas Flauschiges
etwas, was ein Geräusch machen kann	etwas, was vom Wind weggetragen werden kann	etwas Kleines	etwas Blumiges

Station 8

Spiele: Wer frisst wen?

Aufgabe:

Finde heraus, wer sich von wem ernährt.

Material:

Mehrere DIN-A4-Bögen, Schere, Kleber, Stift und das Arbeitsblatt mit den Kärtchen, Kontrollblatt mit Lösungen

Durchführung:

1. Das Nahrungskettenspiel

- Jeder Mitspieler **schneidet** die Kärtchen eines Arbeitsblattes aus.
- **Markiert** die Rückseiten eurer Bilder mit einem persönlichen Zeichen (z. B. mit dem Anfangsbuchstaben eures Vornamens, einem kleinen Symbol usw.).
- **Stapelt** die Bilder und legt sie mit der Rückseite nach oben vor euch hin.
- **Jeder legt** nun sein oberes Plättchen aus.
- Einer stellt die **Frage**: Wer frisst wen?
- **Der Sieger** ist der, dessen Tier das andere frisst. Der Sieger bekommt beide Plättchen und legt sie unter seinen Stapel.
- **Bei Gleichheit** oder Unklarheit wird mit der nächsten Karte weitergespielt.
- **Zum Schluss** erhält jeder die Karten mit seinem persönlichen Zeichen zurück.

2. Wer frisst wen?

- **Legt** nun einen Stapel aus Spiel 1 so aus, dass Nahrungsketten entstehen. Dabei dürfen nur Dreier- und höchstens eine Viererkette auf ein leeres Blatt gelegt werden.
- **Klebt** die Kette dann auf das Blatt auf.
- **Zieht** dann Verbindungslinien von Kettenglied zu Kettenglied, nach der Regel „wird gefressen von“, also:
  (Blatt) ⟶ (Raupe) (der ⟶ steht für „wird gefressen“)

3. Das Nahrungsnetzspiel

- **Klebt** zwei DIN-A4-Bögen nebeneinander.
- **Nehmt** den zweiten Stapel der Kärtchen aus Spiel 1.
- **Verteilt** die Kärtchen beliebig auf dem großen Blatt.
- **Klebt** die Kärtchen fest.
- **Tragt** nun nach der Regel: „wird gefressen von“ aus Spiel 2 alle möglichen Beziehungen der Pflanzen und Tiere untereinander mit Pfeilen ein.
- **Wer** frisst nichts?

▶ Ergebnis: Ein Nahrungsnetz entsteht.

Kärtchen mit Namen

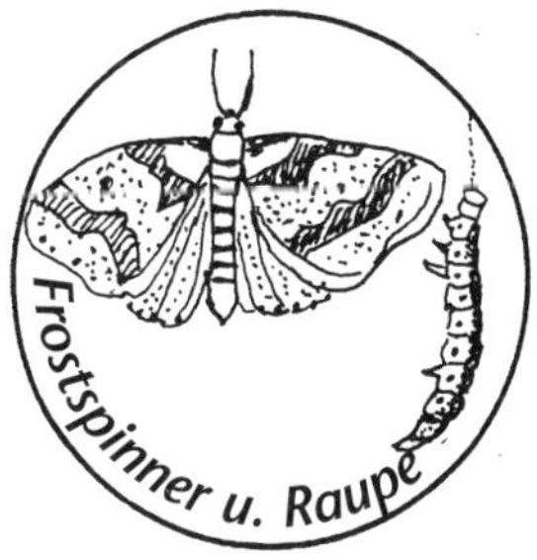

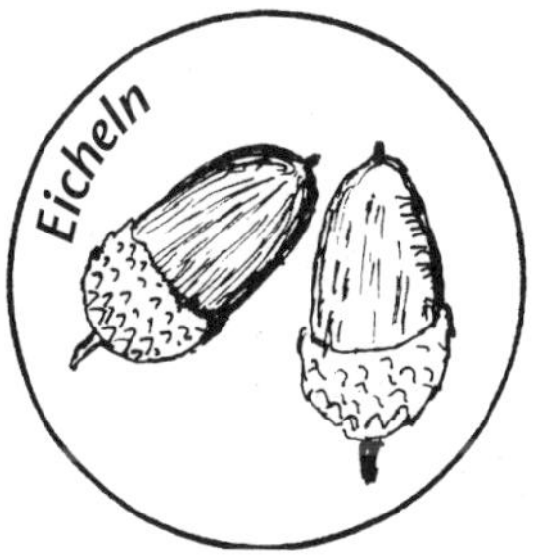

Kärtchen ohne Namen

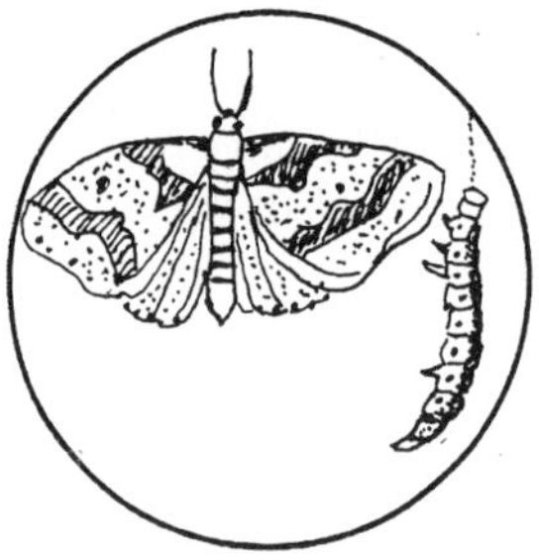

Station 9

Name: ______________________

Mein Baum

Aufgabe:

Versuche, einen Baum wiederzuerkennen.

Material:

Augenbinde

Durchführung:

- **Verbinde** deinem Partner die Augen.
- **Führe** ihn langsam zu einem besonderen, von dir ausgesuchten Baum.
- **Stelle** deinem Partner unterwegs **Fragen**:
  „Was hörst du, was riechst du, was spürst du unterwegs?"
- Beim Baum angelangt, kannst du noch **weitere Fragen stellen**:
  „Fasse den Baum mit deinen Händen an.
  Fühle die Rinde, die Risse, die Löcher bis zum Boden.
  Halte dein Ohr an den Baum.
  Umfasse ihn mit den Armen.
  Rieche ihn."
- **Führe** deinen Partner langsam zum Ausgangspunkt zurück. Auch hier könnte er etwas hören, riechen, mit den Füßen spüren.
- **Nimm** ihm die Augenbinde ab.

Ergebnis:

Findet er seinen Baum wieder? ☐ ja ☐ nein

Warum (nicht)?

____

____

____

Wechsel der Positionen:

Dein Partner führt dich nun zu einem von ihm bestimmten Baum. Nun hast du die Augen verbunden. Wirst du den Baum wiederfinden?

Station 10

Baue eine Kugelbahn aus Waldteilen

Name:

Aufgabe:

Lasst eine Kugel selbstständig über eine selbst gebaute Bahn im Wald rollen.

Material:

Plastik- oder Holzkugeln, selbst ausgesuchte, im Wald gefundene Sachen wie Stöcke, Baumrinden, Klötze, Steine, Zweige, Blätter, … Aus diesen Materialien sollt ihr die Bahn bauen.

Durchführung:

- Die Bahn soll drei Eigenschaften erfüllen:
  - Die Kugel sollte ohne anzustoßen möglichst weit durch die Bahn rollen.
  - Die Bahn sollte eine Kurve besitzen.
  - Die Kugel sollte an einer Stelle der Bahn nicht sichtbar sein.
- **Plant** und **besprecht** den Bau in der Gruppe.
- **Baut** mit dem gefundenen Material eine schräge Bahn, sodass die Kugel rollen kann.
- **Legt** die unterschiedlichen Sachen so auf- und übereinander, dass die Bahn Halt bekommt.
- **Rollt** die Kugel und seht, ob der Bau gelungen ist.

Ergebnis:

Hat deine Bahn alle drei Kriterien erfüllt? Welche hat sie erfüllt, welche nicht?

Miss mithilfe eines armlangen Stockes, wie viele Stocklängen die Kugel gerollt ist.

Wie viele waren es?

Station 1

Beobachtungs-Fühl-Station (Teil 1)

Name: ____________________

Aufgabe:

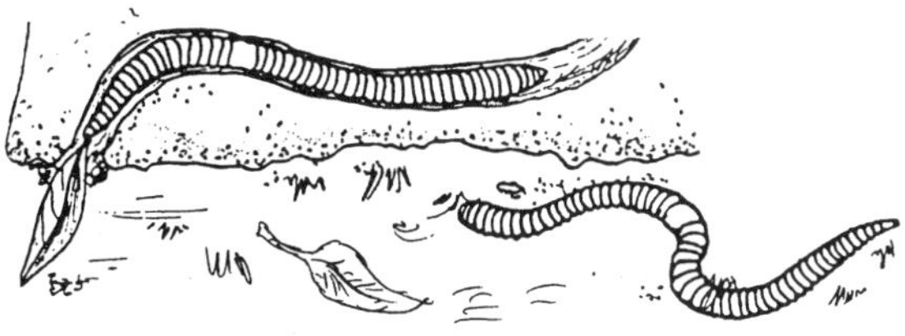

Kennenlernen eines Regenwurms

Materialien:

ein Eimer mit Regenwürmern, Lineale, Lupen, Bleistifte,
weißes Papier, Folien, ein Eimer mit Wasser, Schalen mit feuchten Taschentüchern

Durchführung:

Holt einen Regenwurm aus dem Eimer vom Arbeitstisch. Reinigt ihn im Wasser und bringt ihn in eine Schale auf ein feuchtes Tuch. Hebt ihn zur Beobachtung heraus und legt ihn jeweils danach, damit er nicht austrocknet, wieder in die Schale zurück.
Schaut auch mit der Lupe nach Einzelheiten.

Aufgabe 1:

a) Untersucht, wo das Vorder- und das Hinterende eures Regenwurms ist.
Nehmt den Regenwurm locker in die geschlossene Hand.
Er wird versuchen, mit seinem Vorderende nach draußen zu gelangen.
Beschreibt die Form von Vorder- und Hinterende.

Vorderende: ____________________

Hinterende: ____________________

b) Schaut, ob ihr an eurem Regenwurm eine Verdickung, den so genannten „Gürtel" (Clitellum), erkennen könnt. Befindet sich der Gürtel näher am Vorder- oder näher am Hinterende?

____

Aufgabe 2:

a) Beobachtet, wie sich der Regenwurm auf dem Papier vorwärtsbewegt.
Achtet dabei darauf, ob seine Körperform immer gleich aussieht oder sich während der Bewegung verändert. Beschreibt den Bewegungsablauf des Regenwurms.

____

____

____

b) Setzt euren Regenwurm auf die Folie und beobachtet, wie er sich dort bewegt. Kommt er besser vorwärts als auf dem Papier? Warum (nicht)? Notiert eure Beobachtungen.

____

____

____

Station 1

Beobachtungs-Fühl-Station (Teil 2)

Name: ____________________

Aufgabe 3:

Messt nun mithilfe des Lineals, wie lang und wie kurz sich euer Regenwurm beim Kriechen machen kann. Setzt dazu den Regenwurm wieder auf das Papier und beobachtet vor dem Messen noch einmal seine Bewegung.

______ cm lang ______ cm kurz

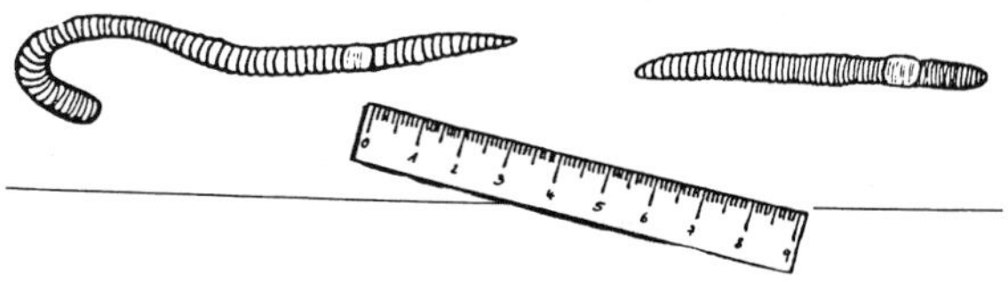

Aufgabe 4:

a) Zeichnet und beschriftet nun euren Regenwurm (Vorderende, Hinterende, Gürtel, Ringe).

b) Schätzt die Anzahl der Ringe eures Regenwurms. ________

c) Welche Farbe hat euer Regenwurm? __________________

d) Könnt ihr durch die Haut das Innere des Regenwurms erkennen? Was seht ihr?

____

____

Aufgabe 5:

a) Legt den Regenwurm auf eure Hand und lasst ihn darauf herumkriechen.
Fahrt mit dem Finger über die Oberseite des Regenwurms; wie fühlt sich seine Haut an?

____

____

b) Fahrt mit dem Finger über die Oberfläche des Regenwurms, von vorn nach hinten und von hinten nach vorn. Was könnte der Grund dafür sein, dass es sich je nach Bewegungsrichtung unterschiedlich anfühlt?

____

____

Station 2

Untersuchungsstation: Kleinstlebewesen

Name: ____________________

Aufgabe:

Findet Kleinstlebewesen mit einem selbst gebauten, sogenannten „Berleseapparat" (vgl. Abbildung), die beim einfachen Suchen im Laub nicht zu finden sind.

Material:

In einer Plastiktüte vom Waldboden gesammeltes feuchtes Laub, Trichter (könnt ihr aus Pappe basteln), dunkler Eimer, Eimerdeckel aus runder Pappe (etwas größer geschnitten als der Eimer) mit einem Loch als Eingang für den Trichter in der Mitte, ein Glasgefäß, eine Lampe, Lupen, ein Mikroskop und ein Binokular

Durchführung:

- **Stellt** das Glasgefäß in die Mitte des Eimers.
- **Steckt** den Trichter so in das Loch des Eimerdeckels, dass seine Spitze zum Glasgefäß zeigt.
- **Füllt** feuchtes Laub in den Trichter ein.
- **Stellt** die Lampe direkt über den Trichter.
- **Schaltet** die Lampe etwa 30 Minuten ein.
- **Achtet** auf die Bodenorganismen, die vor Licht und Wärme nach unten flüchten wollen und durch den Trichter in das Glas fallen.
- **Nehmt** das Glasgefäß nach 30 Minuten heraus und untersucht die gefangenen Tiere mit einer Lupe, Mikroskop oder einem Binokular.

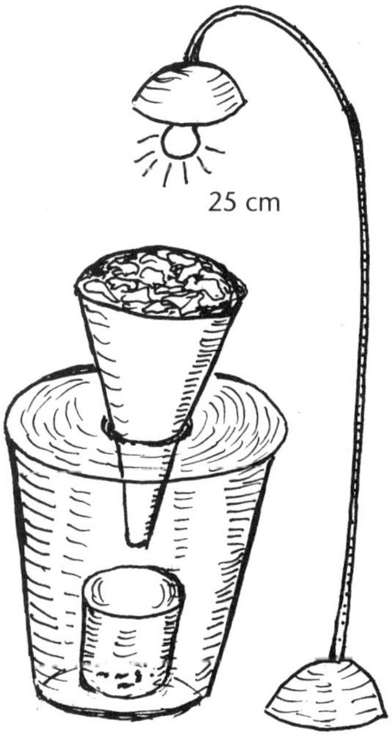

selbst gebauter Berleseapparat

Aufgabe:

Bestimmt die Bodenorganismen mithilfe der Blätter „Bestimmungsschlüssel" und „Bestimmungsbogen mit Namen".

Ergebnis:

Welche Tiere konntet ihr erkennen? Schreibt ihre Namen auf.

____

____

____

Station 3

Name: ____________________

Natur im Gleichgewicht

Frage:

Welches der folgenden Kettenglieder ist im Kreislauf der Natur am stärksten vertreten? Von welchen dieser Lebewesen gibt es am meisten? Notiere deine Ergebnisse am Ende.

Blatt

A 

Wurm

B 

Meise

C 

Habicht

D 

Aufgabe:

Zeichne die oben genannten Kettenglieder je nach vorgegebener Fläche in die Kästchen ein.

Modell 1:

Habichte				
Meisen				
Würmer				
Blätter				

Schreibe auf: Was würde geschehen, wenn die Mengenaufteilung in der Natur so gegeben wäre wie in Modell 1?

____

____

Modell 2:

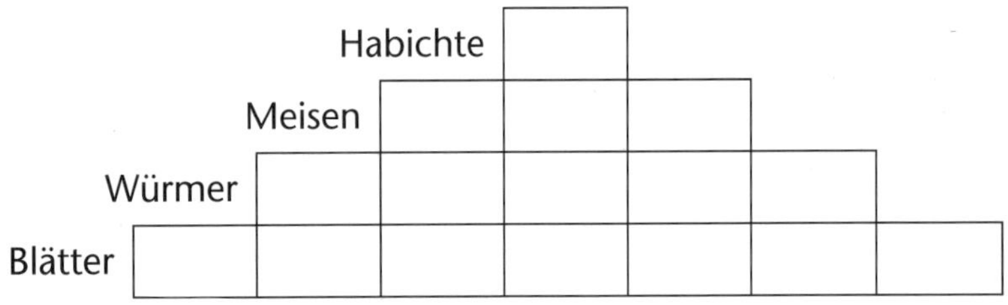

Ergebnis:

Kreuze die richtige Aussage an

- ☐ Es muss mehr Meisen geben als Würmer.
- ☐ Es muss mehr Würmer geben als Blätter.
- ☐ Es muss weniger Habichte geben als Meisen.

Welche Mengenaufteilung der Tiere und Pflanzen hält also das Nahrungsnetz in Schwung? Warum?

____

____

Nahrungspyramide

Name: ____________________

Aufgabe:

Setze die Namen, die Anzahl der Lebewesen und Vorgänge in die Nahrungspyramide so ein, dass eine ununterbrochene Kette entsteht.

- Trage in die Kästchen auf der linken Seite ein: *unzählige Blätter – viele Raupen – einige Meisen – ein Sperber*
- Trage in die Pfeile in der Mitte ein: *wird gefressen von – wird gefressen von – wird gefressen von*
- Trage in die Pfeile auf der rechten Seite ein: *wird zersetzt von – wird zersetzt von – wird zersetzt von – wird zersetzt von – wird wieder von der Pflanze aufgenommen*

Station 5

In welchem Bereich des Waldes leben die Tiere?

Name: ____________________

Aufgabe:

Schreibe die Nummern der Tiere in die entsprechenden Kreise, je nachdem, in welchem Bereich des Waldes sie wohnen. Trage die Schichten bei den Buchstaben A, B, C und D richtig ein:

Krautschicht, Baumschicht, Strauchschicht, Moosschicht

Station 6

Der Nahrungskreislauf

Name:

Aufgabe:

Trage folgende Begriffe ein und schließe dann den Nahrungskreislauf, indem du Pfeile einträgst:

Raupen – Blätter der Bäume – Raubvögel – Überreste – Laub –
Kleinstlebewesen – Nährstoffe – kleine Vögel

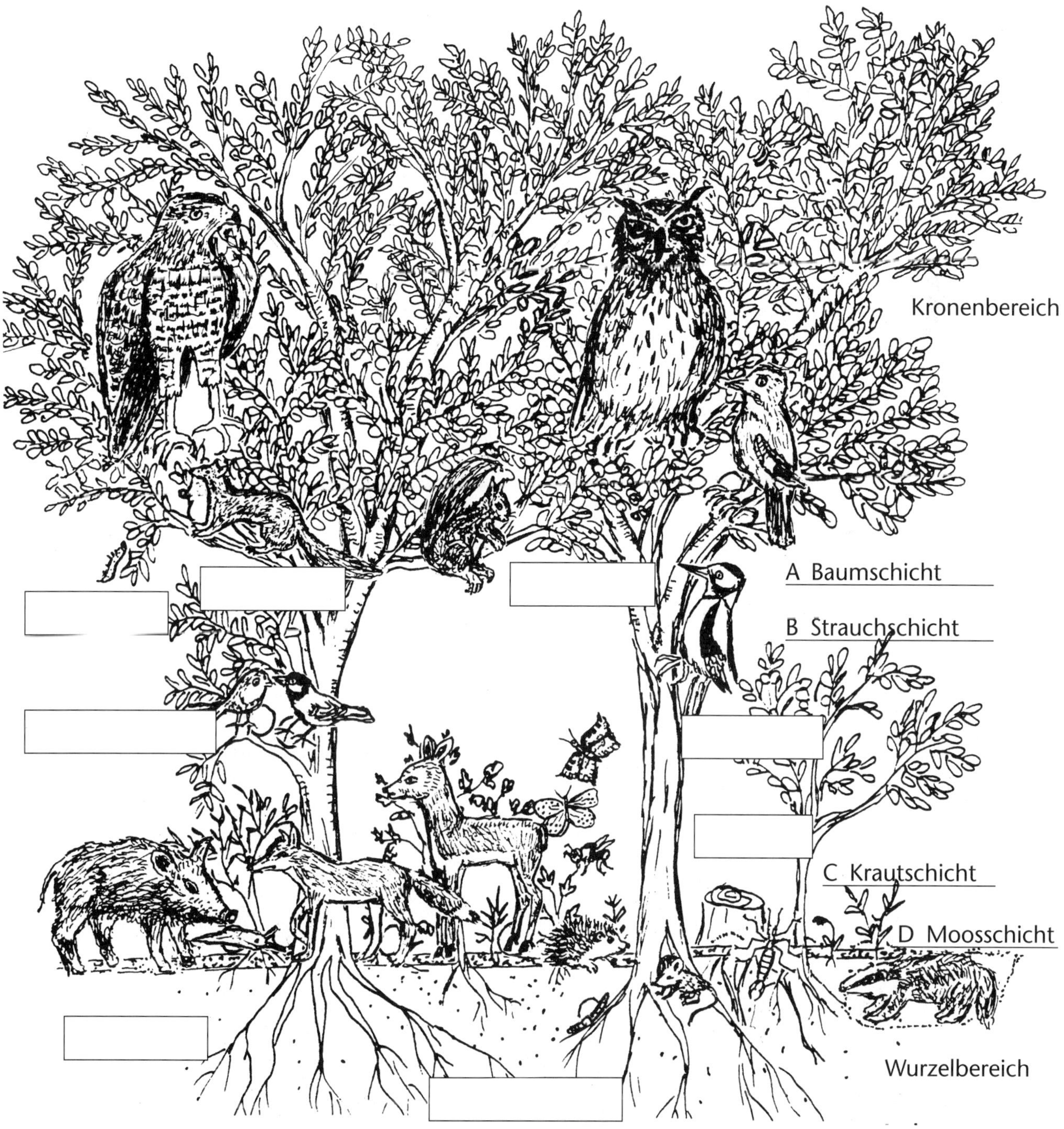

Station 1: Welche Form hat deine Wirbelsäule?

Seite 9

Aufgabe 1: Der Kopf, die Brustwirbelsäule und das Kreuzbein/Steißbein berühren den Stock.

Ergebnis: Die Wirbelsäule hat eine doppelt s-förmige Krümmung.

Station 2: Modellversuche zur Funktion der Wirbelsäule I

Seite 10

Ergebnis: Das doppelt s-förmige Modell der Wirbelsäule federt besser ab, da das Seidenpapier hier nicht so schnell reißt wie bei dem Modell mit dem geraden Elektrokabel. Wir erkennen hieran, dass die doppelt s-förmige Krümmung unserer Wirbelsäule dabei hilft, Sprünge abzufedern.

Station 3: Modellversuche zur Funktion der Wirbelsäule II

Seite 11

Ergebnis: Das doppelt s-förmige Modell der Wirbelsäule hält Gewicht besser aus, da das Modell hier nicht so schnell umknickt wie das Modell mit dem geraden Elektrokabel. Wir erkennen hieran, dass die doppelt s-förmige Krümmung unserer Wirbelsäule dabei hilft, Gewicht auszuhalten.

Station 4: Modellversuche zur Funktion der Wirbelsäule III

Seite 12

Aufgabe:

Schaumstoff ≙ Bandscheibe
Korkscheibe ≙ Wirbelkörper

Ergebnis: Die Wirbelsäule wird durch die Bandscheiben beweglich.

Station 5: Versuche zur Muskelfunktion

Seite 13

Beobachtung: Die Muskeln werden durch Muskeltraining gestärkt und durch Muskeldehnung beweglich gehalten.

Station 6: Aufbau und Funktion von Muskeln

Seite 15

Aufgabe 1:

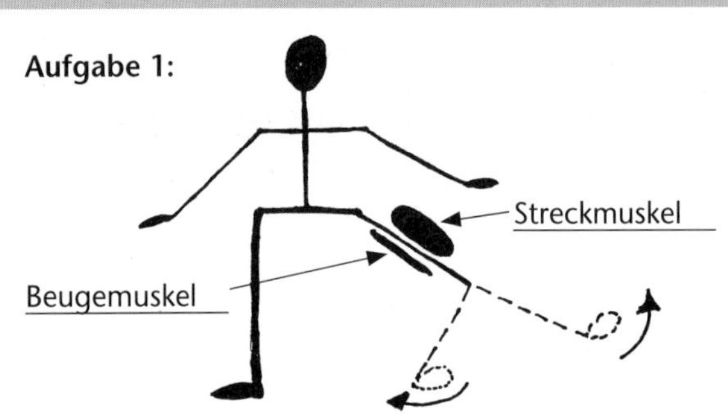

Abbildung 1

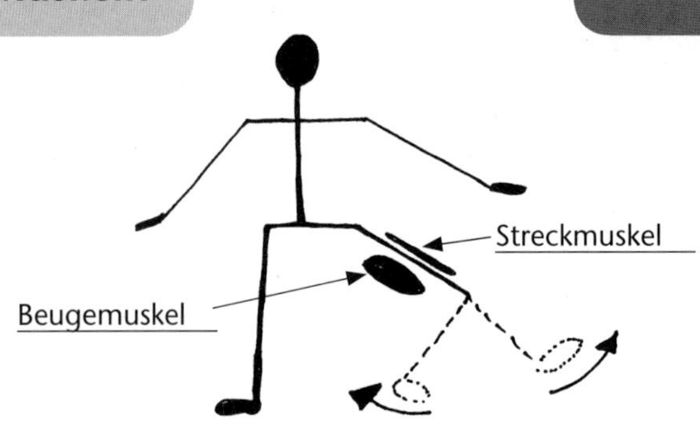

Abbildung 2

Aufgabe 2: Lösungswort: BEWEGUNG

Station 7: Wo habe ich überall Gelenke?

Seite 18

Aufgabe 4:

Durch meine Gelenke wird mein Körper beweglich.

Station 8: Wie schwer ist meine Schultasche und wie trage ich sie?

Seite 19

Aufgabe 3:

Ihr könnt mit euren Lehrern besprechen, dass ihr euch in einem Zweierteam das Mitbringen von Büchern aufteilt (z.B. bringt der eine Partner das Biologiebuch mit, der andere das Englischbuch). Vielleicht könnt ihr Bücher in einem Schrank in der Schule lassen. Unnötige Sachen jeden Tag auspacken.

Aufgabe 5:

Rucksack auf dem Rücken tragen.

Aufgabe 6:

Abbildung 1 ✓

Abbildung 2

Abbildung 3

Station 9: Wie hebe ich?

Seite 20

Aufgabe 2:

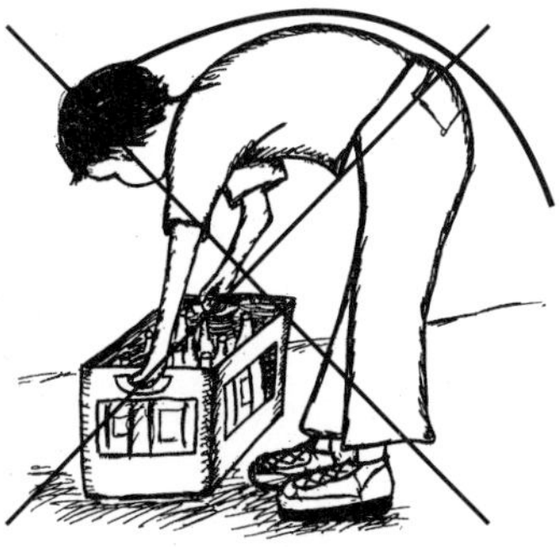

Abbildung 1

Abbildung 2 ✓

Aufgabe 3:

Ich gehe in die Knie.
Ich hebe den Kasten mit gebeugten Armen.

Station 10: Wie sitze ich?

Seite 21

Aufgabe 2:

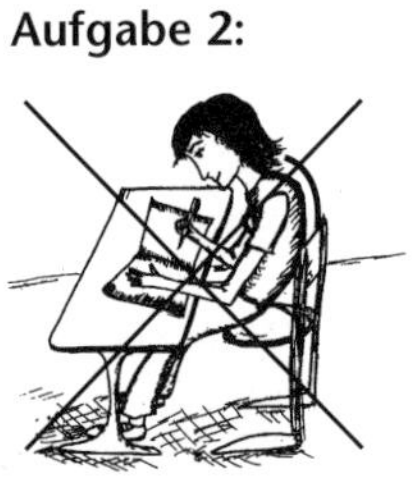

Abbildung 1

Abbildung 2 ✓

Aufgabe 3:

Meine Füße stehen beide fest auf dem Boden.
Ich halte möglichst viel Abstand vom Heft.

Station 11: Trage, hebe und sitze ich richtig?

Seite 22

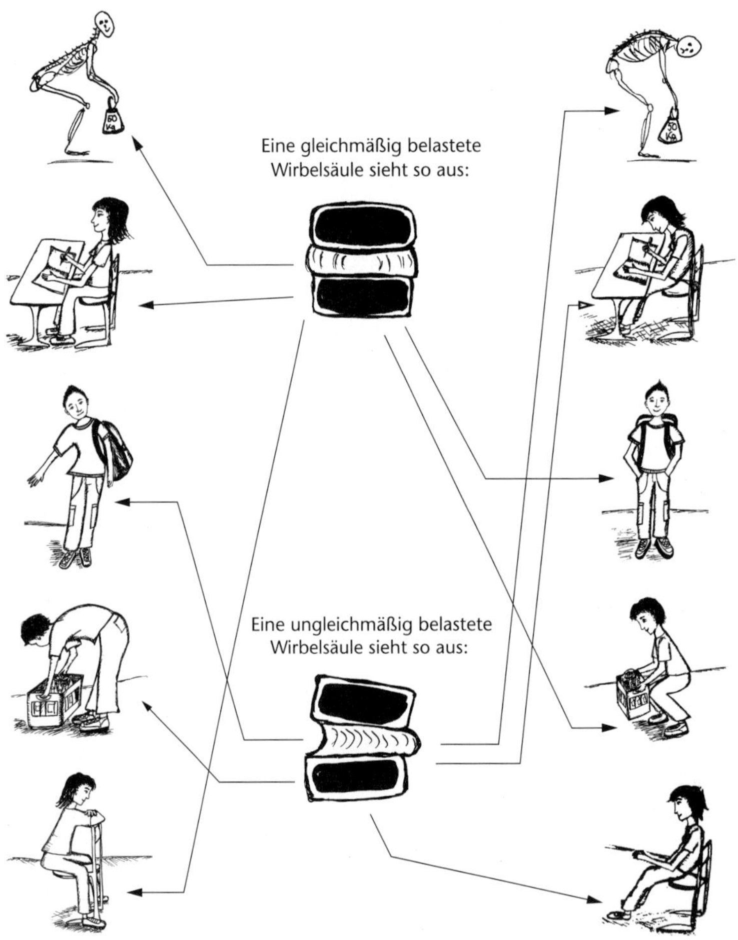

Station 12: Selbstbeobachtung: Meine Bewegungsgewohnheiten

Seite 23

Auswertung:

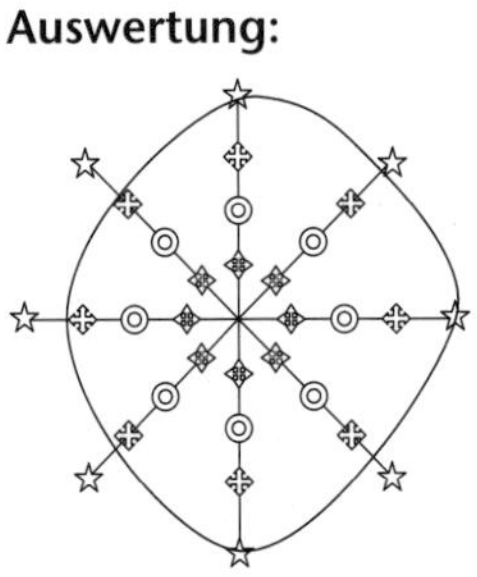

Du achtest gut auf deinen Körper und deine Haltung.

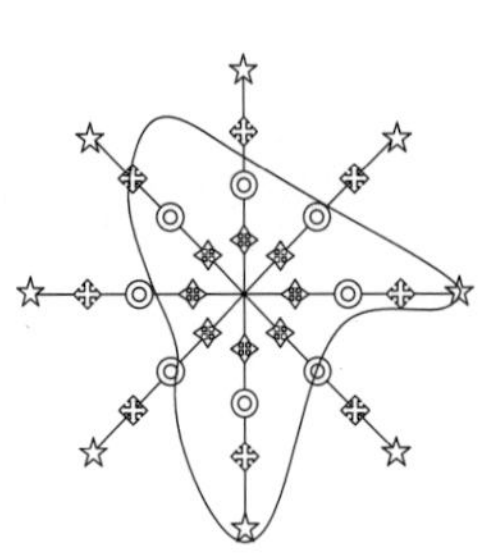

Du arbeitest daran. Jetzt kennst du deine Stärken und Schwächen.

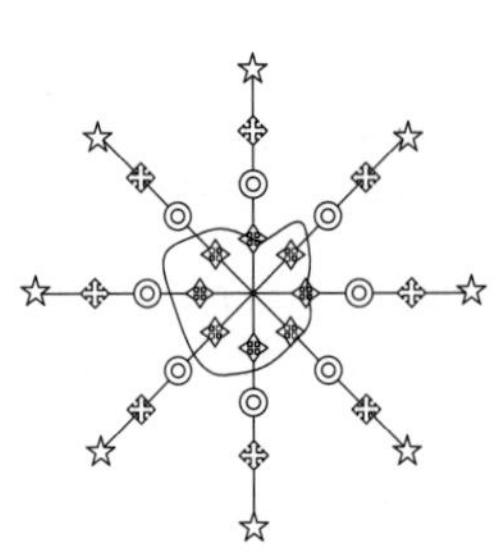

Du solltest deine Gewohnheiten überdenken.

Station 15: Quiz — Seite 29

Aufgabe 1:

richtig ist: Eine normale Haltung bekommt man durch viel Bewegung, eine gute Körperhaltung beim Sitzen und einen Rucksack für das Tragen von Einkäufen oder Schulsachen.

Aufgabe 2:

Die Bandscheiben machen die Wirbelsäule beweglich und federn Stöße ab.

Aufgabe 3:

Gelenke, Muskeln, Bandscheiben

Aufgabe 4:

richtig ist: Wenn ich mich viel bewege.

Aufgabe 5:

In die Knie gehen und die Arme anwinkeln. Nicht nach vorne beugen.

Aufgabe 6:

richtig ist: Die Wirbelsäule hat eine doppelt s-förmige Krümmung.

Station 1: Versuch: Nachweis von Kohlenhydraten — Seite 30

Ergebnis: Zucker besteht aus Kohlenhydraten.

Tabelle:

	Zucker	Gummibärchen	Honig	Marmelade	Schokolade
enthält Kohlenhydrate	x	x	x	x	x
enthält keine Kohlenhydrate					

Station 2: Versuch: Nachweis von Eiweiß — Seite 31

Ergebnis: Milch besteht zum großen Teil aus Eiweiß.

Tabelle:

	Milch	Hühnerei	Sahne	Apfelsaft
enthält Eiweiß	x	x	x	
enthält kein Eiweiß				x

Station 3: Versuch: Nachweis von Fett — Seite 32

Ergebnis: Salatöl besteht aus Fett.

Tabelle:

	Salatöl	Butter	Zitronensaft	Käse	geriebene Nüsse
enthält Fett	x	x		x	x
enthält kein Fett			x		

Station 5: Die Verdauungsorgane des Menschen

Seite 36/37

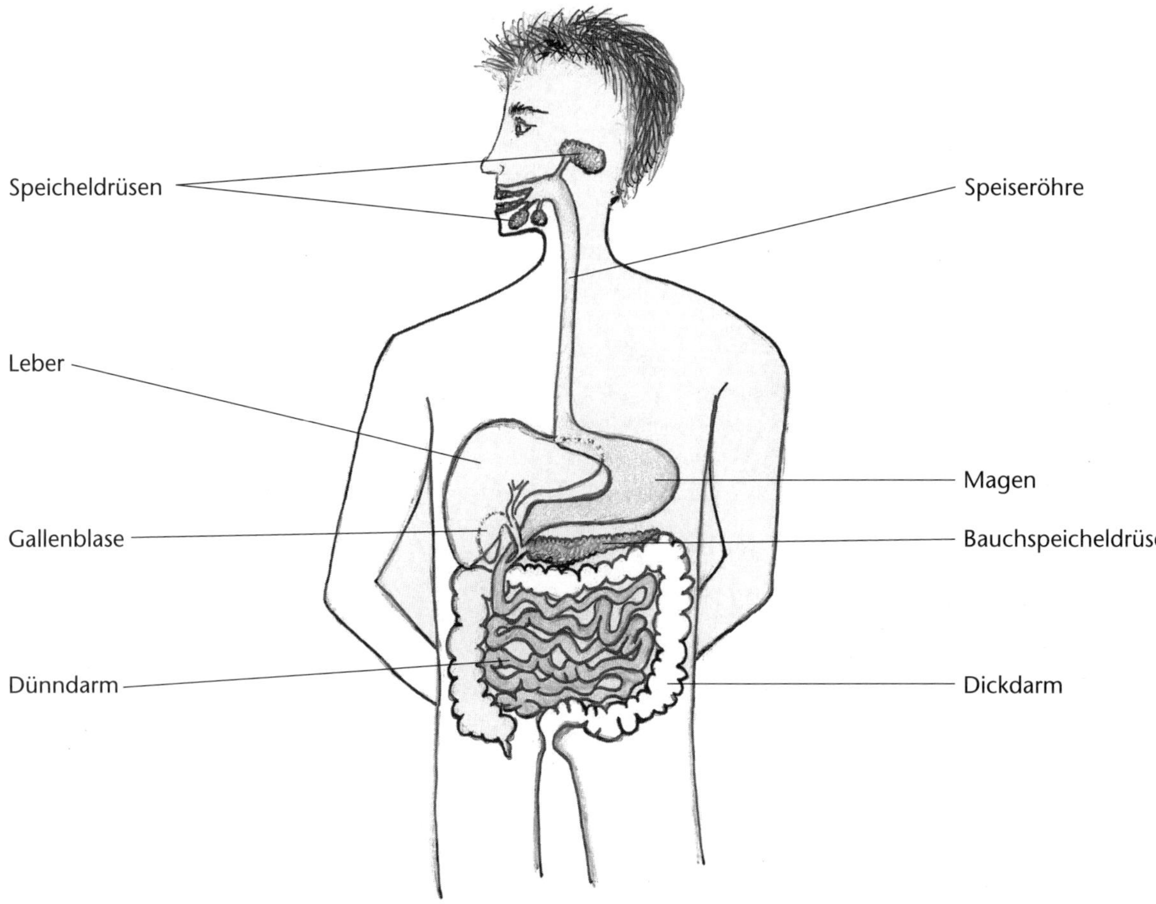

Station 6: Funktion der Verdauungsorgane

Seite 38

Aufgabe 2:

Verdauungsorgan:	Aufgabe des Verdauungsorgans:
Zähne	den Nahrungsbrei in den Magen befördern
Speicheldrüse mit Speichel	Wasser und Salze aus dem Brei ziehen
Speiseröhre	Nahrungsbrei kneten, Eiweiß gerinnt
Magen	Nahrung zerkleinern
Bauchspeicheldrüse und Leber mit Gallenblase	Kohlenhydrate, Fette und Eiweiße in ihre Bausteine zerlegen
Dünndarm	Stärke in Traubenzucker zerlegen
Dickdarm	Verdauungssäfte abgeben

Station 7: Warum soll ich essen? — Seite 39

Aufgabe 2:

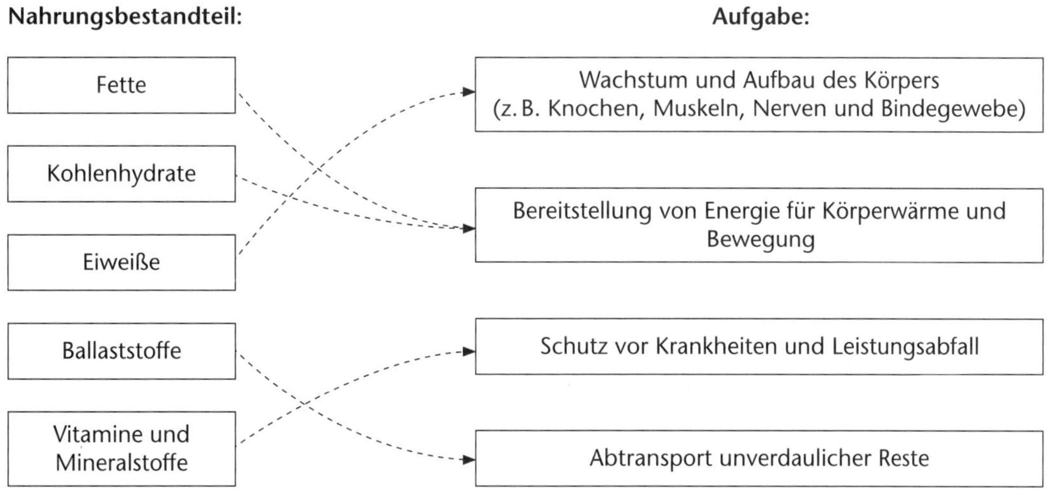

Station 8: Versuch: Funktion der Speiseröhre — Seite 40

Ergebnis:

Der Nahrungsbrei gelangt durch die Speiseröhre mithilfe von **Muskeln** in den Magen. Diese **ziehen sich** in regelmäßigen Abständen zusammen. Dadurch wird der Nahrungsbrei **wellenförmig** in den Magen gedrückt.

Station 9: Selbstbeobachtung: Meine Ernährungsgewohnheiten — Seite 41

Auswertung:

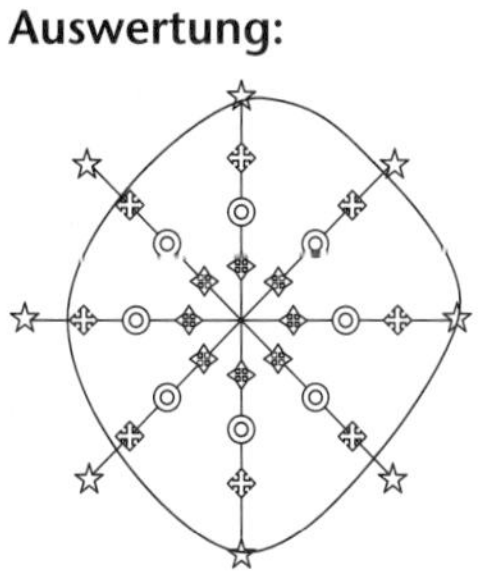

Du achtest gut auf deine Ernährung.

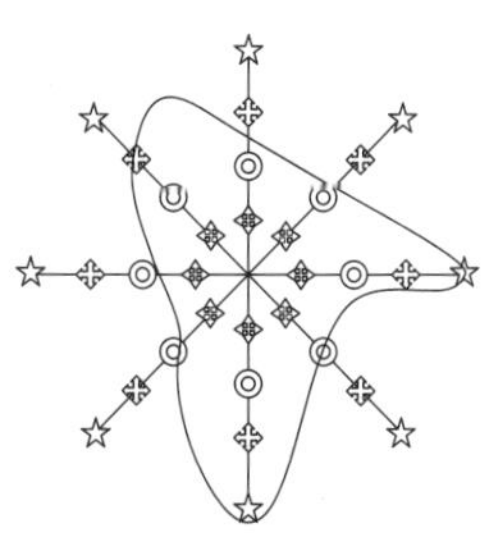

Du arbeitest daran. Jetzt kennst du deine Stärken und Schwächen.

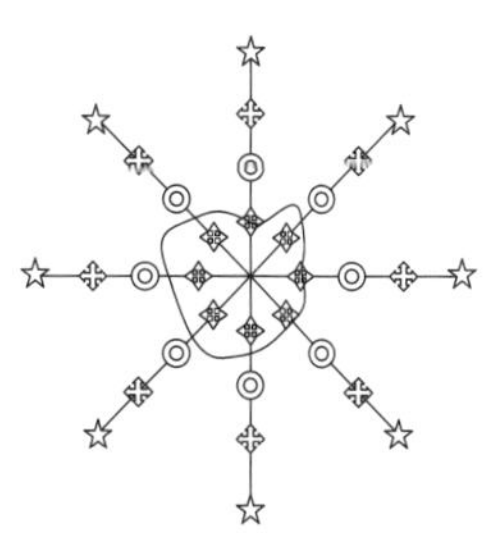

Du solltest deine Gewohnheiten überdenken.

Station 10: Die Zuckerdetektive — Seite 42

	Zutaten	Stück Würfelzucker
100 g Gummibärchen	z. B.: Glukosesirup, Zucker, Gelatine, Dextrose, Fruchtsaft, Fruchtaroma, Säurungsmittel …	26
100 g Vollmilchschokolade	z. B.: Zucker, Vollmilchpulver, Kakaobutter, Kakaomasse, Emulgator Sojalecithin, Vanillin …	18
100 g Müsliriegel	z. B.: Zucker, Vollkorn, gehärtetes Pflanzenfett, Kakaobutter, Weizenmehr, Salz, Backtriebmittel …	13

Station 1: Erkunde die Farben des Waldes

Seite 46

Frage:

Die Antwort ist: Im Wald kann man alle Farben finden. Er ist nicht nur grün.

Station 2: Der Waldboden

Seite 48/49

Ergebnis (Blatt 1 – Der Waldboden):

Die Blätter werden zersetzt, indem sie angefressen werden, faulen und zerfallen.

Ergebnis (Blatt 2 – Zusatzaufgabe):

Im Wald findet man verschiedene Bodenschichten. Wenn man tiefer gräbt, kommt man zunächst in die Laubschicht, dann in die Humusschicht und schließlich in die Sand- und Lehmschicht.

Station 5: Die Stockwerke des Waldes

Seite 58/59

Aufgabe 1 (Blatt 2 – Schichten und ihre Pflanzen):

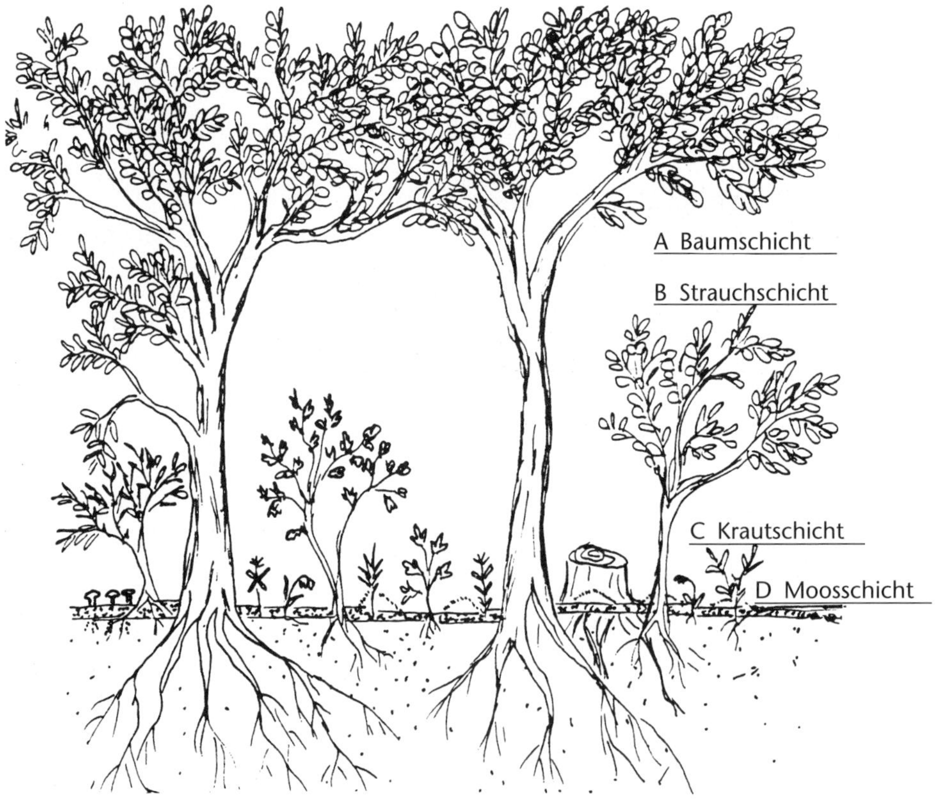

Aufgabe 2 (Blatt 2 – Schichten und ihre Pflanzen):

C: Hahnenfuß	A: Eiche
C: Anemone	A: Buche
C: Springkraut	A: Linde
D: Sternmoos	B: Haselnuss
D: Steinpilz	B: Holunder

Station 5: Die Stockwerke des Waldes

Seite 60

Aufgabe 1 (Blatt 3 – Schichten und ihre Tiere):

(7) Dachs	(9) Hummel	(1) Eichhörnchen	(6) Wildschwein	(2) Habicht
(15) Uhu	(12) Buntspecht	(5) Igel	(8) Ohrwurm	(14) Marder
(11) Fuchs	(4) Schnecke	(3) Schmetterling	(20) Regenwurm	(18) Maus
(19) Reh	(17) Kohlmeise	(16) Rotkehlchen	(13) Eichelhäher	(10) Raupe

Aufgabe 2 (Blatt 3 – Schichten und ihre Pflanzen):

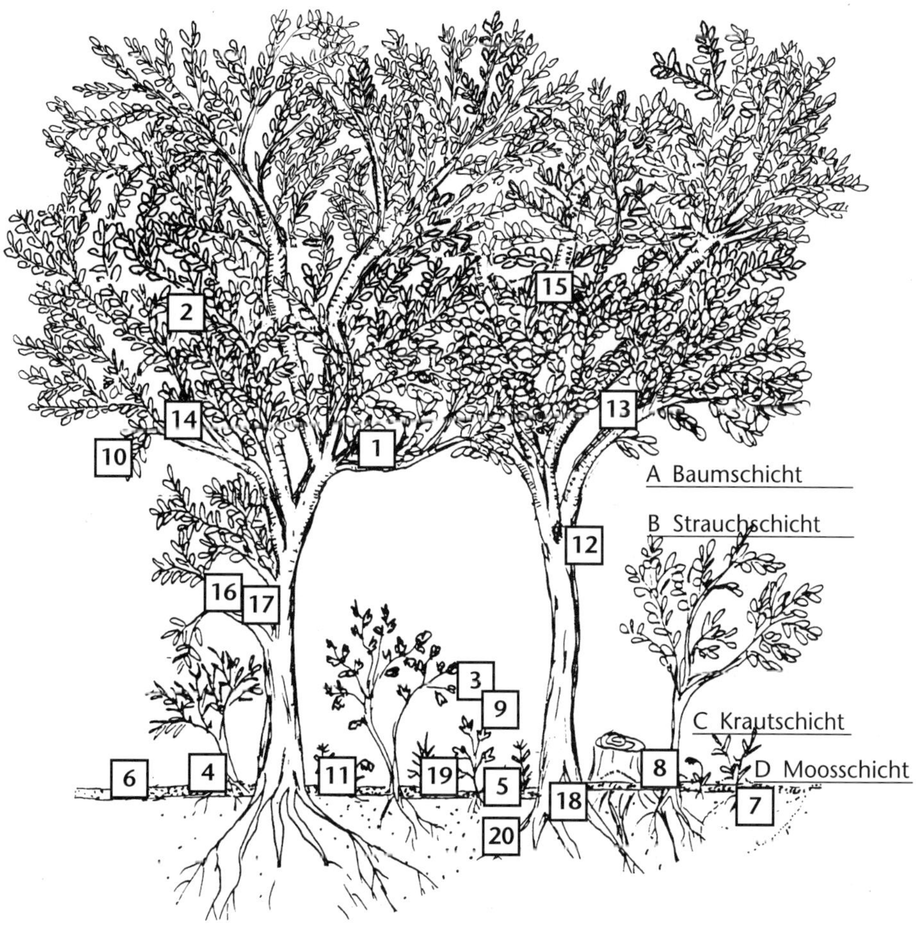

Station 8: Spiele: Wer frisst wen?

Seite 64

Spiel 2:

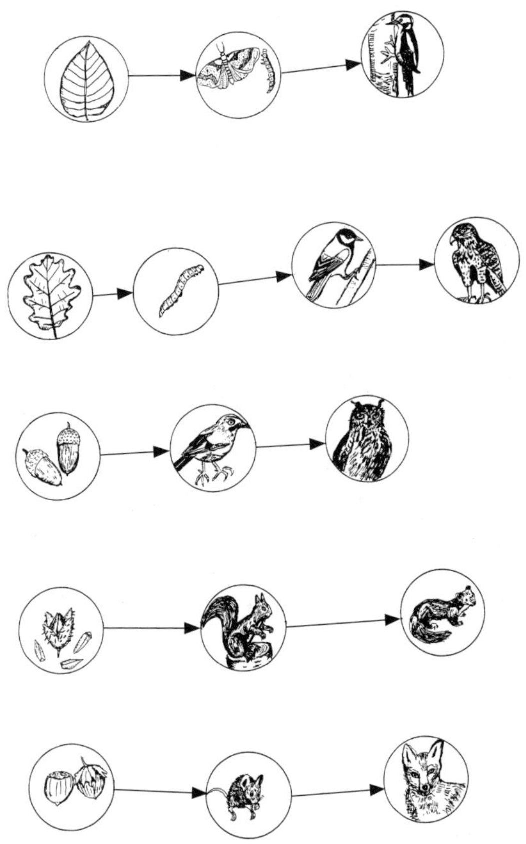

Spiel 3:

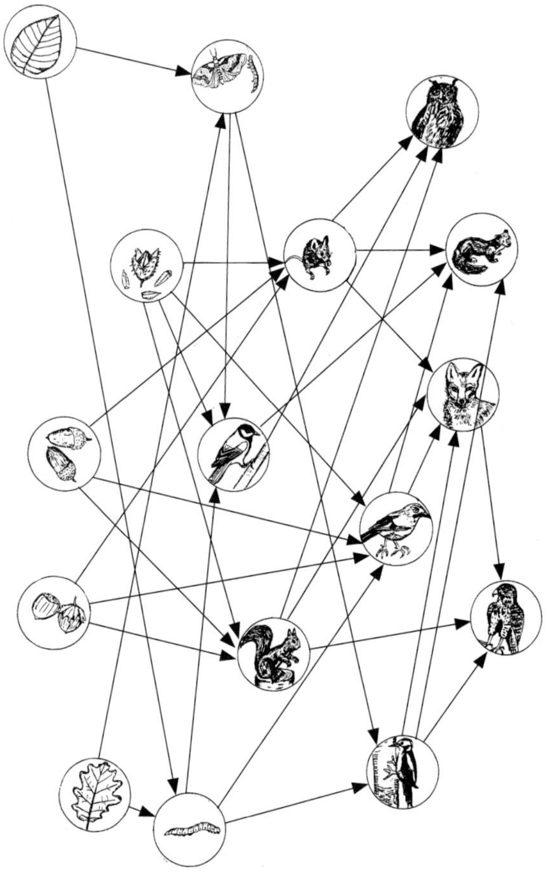

Station 1: Beobachtungs-Fühl-Station

Seite 69/70

Aufgabe 1:

a) Vorderende: Das Vorderende ist deutlich dunkler und zugespitzt.
Hinterende: Es ist heller und etwas stärker abgeflacht als das Vorderende.

b) Der Gürtel befindet sich näher am Vorderende.

Aufgabe 2:

a) Beim Regenwurm zieht sich zunächst das vordere Körperdrittel zusammen und verdickt sich dabei. Diese Verdickungszone läuft daraufhin wellenförmig über den ganzen Körper, wodurch sich der Regenwurm nach vorne schiebt.

b) Der Regenwurm hat Borsten, die auf der Folie abrutschen. Auf Papier kommt er deshalb besser vorwärts.

Aufgabe 3:

Ungefähr bis zu 20 cm lang und 10 cm kurz.

Aufgabe 4:

b) bis zu 180 Ringe

c) hellrot bis rosarot

d) Ihr könnt Muskeln, den Darm und Blutgefäße erkennen. Der Regenwurm hat keine Knochen.

Aufgabe 5:

a) Sie fühlt sich glatt und feucht an.

b) Wenn man von hinten nach vorne fühlt, kann man die Borsten spüren.

Station 3: Natur im Gleichgewicht

Seite 72

zu Modell 1:

Wenn die Mengenaufteilung so in der Natur gegeben wäre, würden die Raupen zu wenig Blätter haben, die Meisen zu wenig Raupen und die Habichte zu wenig Meisen. So würden viele Raupen, Meisen und Habichte sterben, bis die Nahrungspyramide wieder hergestellt wäre.

Ergebnis:

☒ Es muss weniger Habichte geben als Meisen.

Station 4: Nahrungspyramide

Seite 73

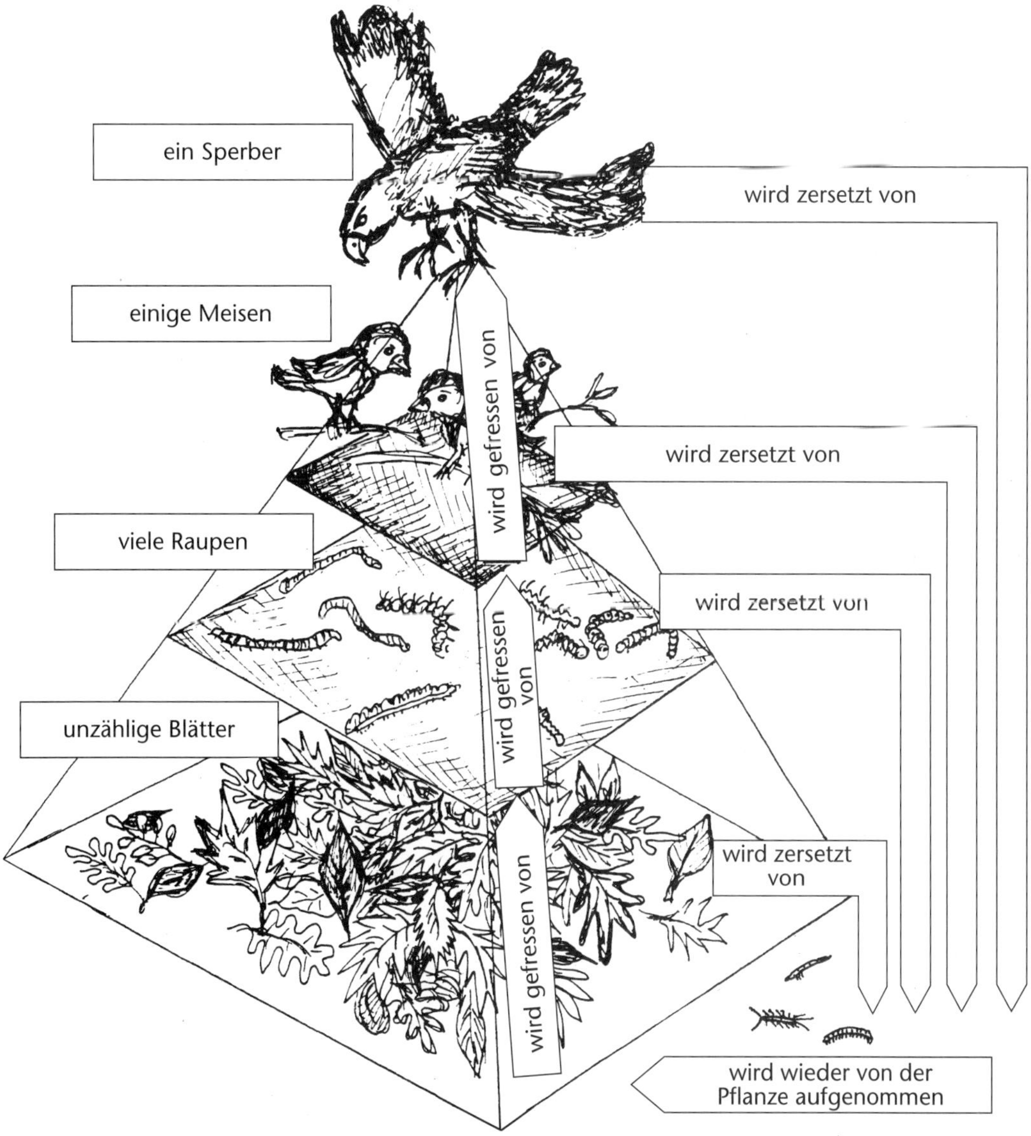

Station 5: In welchem Bereich des Waldes leben die Tiere?

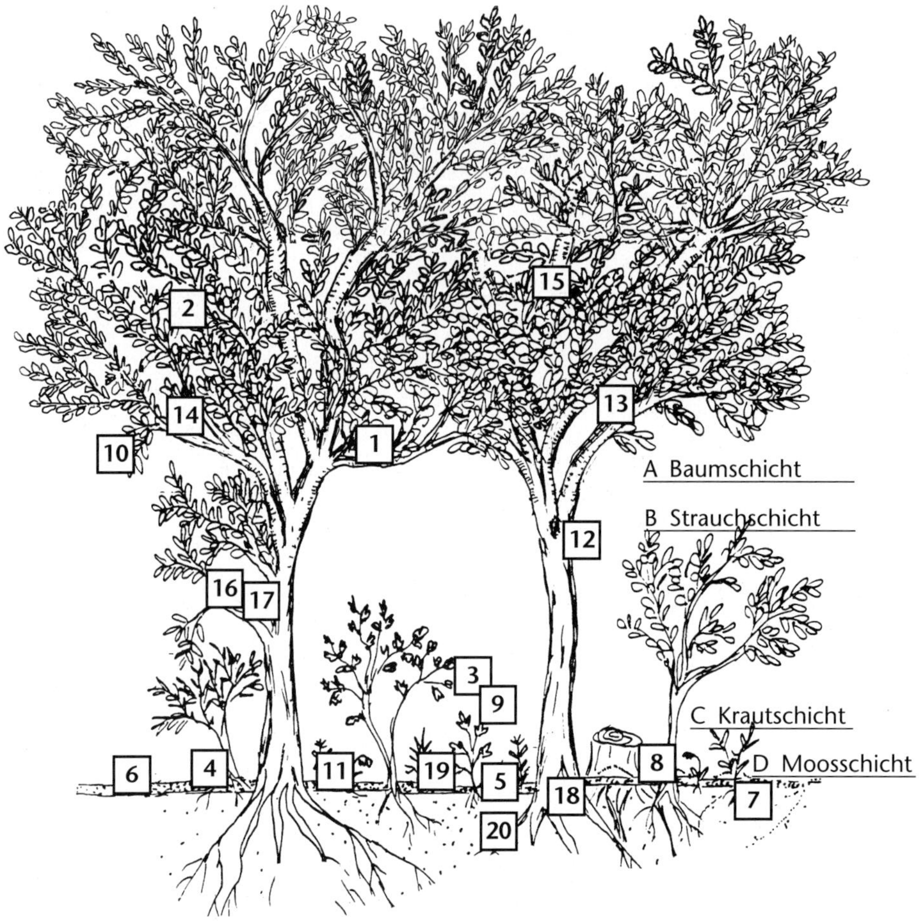

Seite 75

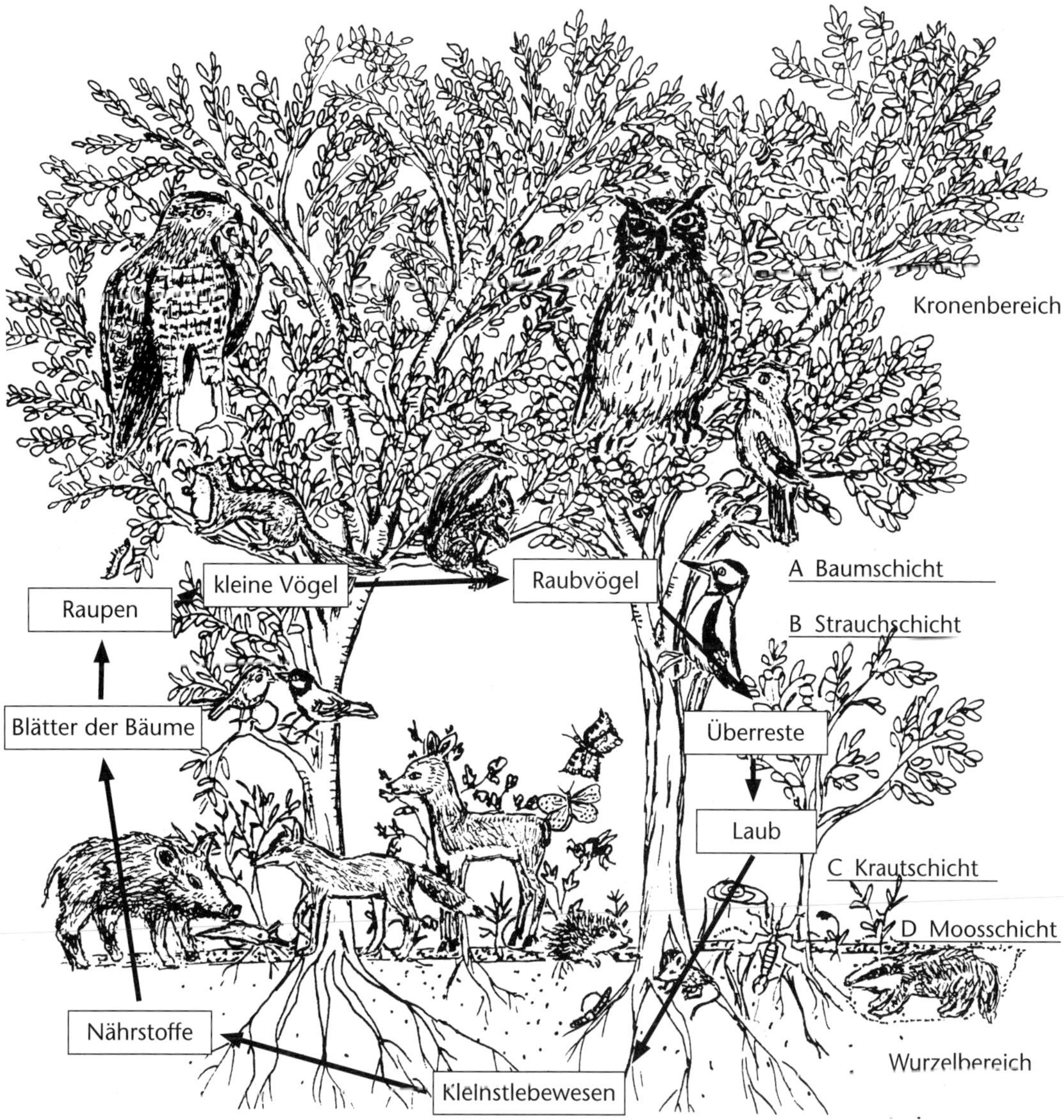
Kronenbereich
kleine Vögel
Raubvögel
Raupen
A Baumschicht
B Strauchschicht
Blätter der Bäume
Überreste
Laub
C Krautschicht
D Moosschicht
Nährstoffe
Kleinstlebewesen
Wurzelbereich